子どもは育つ

0歳から2歳児の発達と保育

山口平八
Heihachi YAMAGUCHI

Bricolage

はじめに

　子どもに限りない愛情を注ぎながら、その成長に感動し、親もまた子どもとともに成長していく。子育ては親や家族にこの上ない喜びや生きがいをもたらしてくれるものです。それなのに、子どもにどのように関わっていけばよいか分からなくなって孤立感を募らせ、情緒が不安定になっていく親が増えています。

　そんな背景には、核家族化の進行や地域社会のコミュニティー意識の衰退で、子育ての悩みを気軽に話せる人が身近にいない、働きながら子育てをしていく者への社会的理解が薄く、気持ちに余裕をもって子どもに関わってやれる時間がとれない、などといったこともありますが、早期教育を煽る風潮や、子どもに高い知識や技術を身につけさせることを求める風潮が、さらに大きなプレッシャーになって、親たちの肩にかかっているのではないでしょうか。ネット上には「あかちゃんの通信教育」「0歳におすすめの教材」「0歳からの知育」「0、1歳向け英語教材」などと、数えきれないほど英才教育への誘いが出ています。0歳から英才教育をしていくとすれば、教育費についても心配しなければなりません。

　また他方では、1歳半になっても2歳を過ぎても乳離れをさせきれずにいる親もいます。

　あかちゃんの時期からマニュアルどおりのことをしたり、教えたりして子どもは育つのでしょうか。しつけをして伸びるのでしょうか。いつまでも抱きしめていて、子どもが「自分で」といって友だちのいる世界に飛び出していけるのでしょうか。

　私は50年余りに渡って、障がい児教育や療育、あるいは一般の子どもたちの保育に関わってくる中で、また発達相談に取り組む中で、乳児期から幼児期にかけての子どもたちの成長・発達にとって大切なことは、教えることややらせることではなく、子どもの身心の生理的な発達を促しつつ、自主的・主体的な活動を保証していくことだと学んできました。泣くことしかできないように見える2か月

児にも、2か月児の世界や活動があり、その活動が保証されていけば、2か月児の内側に次の3か月、4か月に向かう芽が息吹いて、次の段階へと発達していく、そんな様子を見てきました。

　本書では、0歳から3歳前頃までの子どもの姿を追いながら、子どもたちが成長発達していく上で、子どもに何が必要なのか、父母をはじめ保育者は、子どもにどう向き合っていけばよいかといったことをまとめてみました。最近の若いお母さんやお父さんの大半は、これまでに乳幼児に関わった経験がない人たちだといわれます。また、あかちゃんに触れたこともなく、保育士になっている人たちもたくさんいます。本書がそんな人たちや、今子育てや保育に悩んでいる人たちに少しでも役立つことができれば幸いです。

　本書では、寝返りや四つ這い、一人歩きなどといった発達的特徴が現れる時期を月齢で示していますが、月齢はあくまでも目安です。子どもの成長・発達には大きな個人差があります。「この月齢になれば、こうした動作ができるようにしていかなければいけない」などと、子どもを追いたてるような訓練的指導はしないでください。大切なことは、それができていなくても、今目の前の子どもが身の回りの人たちと共感しあいながら、外界に向かって楽しく遊べているかどうかということです。子どもの自由や主体性が大事にされた環境が保障されているかどうかです。子どもに次の段階を要求することより、子どもの今を大切にして、子どもの今を広げていってやることが、子どもの成長・発達には大事なのです。

　子どもは自ら身体を使い、手を使い、頭を使って、今をしっかり楽しんでいくことで、次の段階へと成長・発達していくのです。

山口平八

もくじ

はじめに ……………………………………………………………………… 2

第1章 乳児期前半のあかちゃんと育児

1 初めての育児 …………………………………………………… 8
1. 乳児期前半の成長の流れ ………………………………… 8
2. 乳児期前半の授乳 ………………………………………… 10
3. 乳児期前半の排泄と着替え ……………………………… 14
4. 乳児期前半の睡眠 ………………………………………… 17
5. 乳児期前半の抱っこ ……………………………………… 26

2 乳児期前半のあやし遊び ……………………………………… 34
1. 乳児期前半に玩具であやす際のポイントと注意点 …… 34
2. あかちゃんと向かい合ったあやし遊び ………………… 37
3. うつ伏せでのあやし遊び ………………………………… 44
4. 抱っこでのあやし遊び …………………………………… 45
5. ゆらしのあやし遊び ……………………………………… 46

3 乳児期前半の育児あれこれ …………………………………… 49
1. 身体の鍛錬、マッサージ ………………………………… 49
2. 首のすわり ………………………………………………… 51
3. 寝返り ……………………………………………………… 53
4. 向き癖 ……………………………………………………… 56
5. お座りの姿勢 ……………………………………………… 56
6. 車での移動 ………………………………………………… 58

第2章
乳児期後半のあかちゃんと育児

- 1　離乳食と睡眠 ･･ 62
  - 1　離乳食 ･･ 62
  - 2　乳児期後半に見られる睡眠の問題 ･････････････････････ 67
- 2　寝返りからつたい歩きまで ･････････････････････････････ 72
  - 1　寝返り ･･ 72
  - 2　腹這い移動 ･･ 75
  - 3　お座り ･･ 78
  - 4　四つ這い ･･ 81
  - 5　つかまり立ち ･･･････････････････････････････････････ 84
  - 6　つたい歩き ･･･ 86
- 3　対人遊び ･･･ 89
  - 1　いないいない、バー ･････････････････････････････････ 89
  - 2　ハイハイで追いかけっこ ･････････････････････････････ 91
  - 3　たかいたかい ･･･････････････････････････････････････ 92
  - 4　玩具でのやりとり ･･･････････････････････････････････ 93
  - 5　チョチチョチやバイバイ ･････････････････････････････ 94
  - 6　歌いかけ、話しかけ ･････････････････････････････････ 95
- 4　あかちゃんと手の遊び ･････････････････････････････････ 97
  - 1　6か月〜8か月児と玩具遊び ･･････････････････････････ 97
  - 2　8か月〜10か月児と玩具遊び ･････････････････････････ 99
  - 3　10か月〜1歳過ぎの子どもと玩具遊び ･････････････････ 101
  - 4　変化する素材で遊ぶ ･････････････････････････････････ 103

第3章
幼児期初期の子どもと育児

1 歩行の獲得と移動の自由の広がり …………………… 108
　1 歩行の獲得 …………… 108
　2 歩行へのアプローチ …………… 113
　3 緊張性歩行と、非緊張性歩行 …………… 114
　4 移動の自由の広がり …………… 119

2 言葉の獲得と社会性の育ち …………………… 123
　1 認識の広がりと言葉の獲得 …………… 123
　2 客観的な認識の世界の分化と言葉 …………… 126
　3 言葉の内実と概念化 …………… 130

3 1・2歳児と生活 …………………… 134
　1 食事 …………… 134
　2 排泄 …………… 140
　3 着替え …………… 144

4 1・2歳児と遊び …………………… 147
　1 遊びの中に見る子どもの育ち …………… 147
　2 機能遊びから象徴遊びへ …………… 155
　3 自然の中で育つ子どもたち …………… 159
　4 豊かな文化の中で育つ子どもたち …………… 161

おわりに ……………………………………………………… 166

第1章 乳児期前半のあかちゃんと育児

お母さんのお腹を出て、この世に産声をあげたあかちゃんは、
いよいよ1人の意志をもった人間として生きていくことになります。
胎内とは異なる厳しい環境の中で、より高次な自由と充実感を求めて、
さまざまな機能を高めながら発達していきます。

初めての育児

　お産という大きな仕事を成し遂げ、心をやすらげるお母さん。目を細めながら見守るお父さん。一般的に、生まれたばかりのあかちゃんの子育てには、まず家族が深く関わります。「育児」の始まりです。

　お腹がすくと母乳やミルクを飲ませ、おむつが濡れると交換します。機嫌がわるいとあやし、笑顔がでるとみんなで喜ぶ……。そんな周りの人たちのやさしさの中で、あかちゃんは徐々に快・不快がわかるようになり、快さを求めて、外界に気持ちを向けていくようになります。

　快・不快が分かる、笑顔で快さを表す、そんな育ちを経て、やがて4か月を過ぎると、「おや、なんだろう……」と、外界に関心をもつようになっていくのです。

　乳児期前半の子育てで大切なことは、身体の生理的成長を促しながら、あかちゃんに「快」を感じとらせ、笑顔を引き出していくことでしょう。そして外界に気づかせ、周りのできごとに関心を持たせていくことでしょう。

🌱🌱 1・乳児期前半の成長の流れ 🌱🌱

　生まれたばかりのあかちゃんは、身体面でも、心の面でも、外界に適応して生きていく力は未熟です。睡眠と覚醒のリズムにはまだ昼夜の区別がなく、昼間もよく寝ます。生後1週頃までは光への反応も弱く、少し大きな音がしたり、急な体位変換などにはびっくりしてしまいます。産湯を浴びさせるときなどは、壊れはしないかと冷や冷やものです。

　そんなあかちゃんも、1週間ほどすると外界の光に少しずつ反応するようになり、

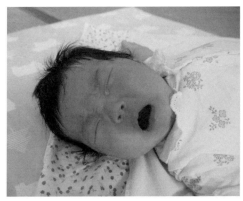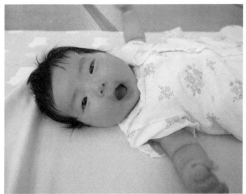

快・不快を表すあかちゃん

　手足の動きも活発になってきます。同時に内面の育ちも見られるようになって、お腹がすいたり、おむつが濡れたりすると「不快」を感じて泣き、授乳やおむつを換えて「快」になると顔をほころばせるようになります。お腹がいっぱいになったときや、おむつを換えてまどろむときなどにこぼれる笑顔は、天使のようです。

　外界の光に反応したり、音を受け止めたりするようになると、あかちゃんはまどろみの世界を抜け出してはっきりと目覚めるようになります。また、周りの人の声かけや、玩具でのあやしかけなどにも反応して、動きや表情などにも変化が出てきます。

　あやしかけに反応するようになって、ますます愛らしくなったあかちゃんに、家族は触れたり、話しかけたりします。抱きしめてほおずりする人もいるでしょう。そんな家族のはたらきかけやスキンシップが、内面の快・不快と人との関係や、外界との関係を育て、あかちゃんの外界への気づきや興味を広げていきます。

　「授乳は時間がくれば何cc」「おむつは手のかからない紙おむつを」「話しかけよりスマホやオーディオ機器で……」こんな機械的な育児では、あかちゃんの成長を十分に引き出せないのです。

　もちろん、新生児が平均何時間おきに飲み、１か月後はどれだけ体重が増えるか

などの知識を保育者がもつことは大事です。しかし、それは目安であって、子どもの発達には、「お腹がすいたの？ おっぱいを飲もうね」とか、「おなかがいっぱいになったの？ よかったね」などと、子どもの心に対応した育児が必要なのです。おむつも布おむつのほうが、濡れると不快が分かり、換えると気持ちよさが分かります。子育ては子どもに気づかせていくことでもあるのです。

❦❦ 2●乳児期前半の授乳 ❦❦

母乳育児

　ミルク育児が流行した時代がありましたが、最近はまた母乳で子育てをする人たちが増えてきました。母乳は免疫的にもあかちゃんに大事だといわれていますが、母親との心の交流やスキンシップという面からしても大切です。ここでは、母乳での育児について触れていきます。

　初めて母乳で育てようとするお母さんは、上手におっぱいが吸えない新生児や、いつまでも乳首を離さないあかちゃんを抱くと、「おっぱいが足りないのだろうか」と心配になります。しかし、母乳は誰もが最初からたくさん出るわけではありません。一般的に、母乳がよく出るようになるまでには1週間～3週間程度か、それ以上かかる人もいます。それに、生まれたばかりのあかちゃんは乳首を吸う原始的な反射はあっても、吸い方が上手ではなく、うまく吸えないためにお腹をすかせて泣くこともあります。しかし、必要以上に不安になる必要はありません。新生児は初乳をはじめ、わずかな母乳があれば元気が保てるものなのです。大人の不安が先に立って早い段階から粉ミルクを足してしまうと、母乳は一層出なくなります。あかちゃんも吸いやすい哺乳瓶の方にいき、お母さんの乳首は口に入れなくなってしまうこともあります。

表1　母乳の目安

月齢	頻度
生後0か月～1か月	●母乳の場合は時間や回数にこだわらず、泣いてほしがったらその都度授乳する ●ミルクの場合は2時間に1回程度
生後2か月～3か月	●昼は2～3時間に1回 ●夜は4時間に1回程度
生後4か月	●昼は4時間に1回程度 ●夜は6時間に1回程度
生後5か月以降	●離乳食が始まり、授乳との組み合わせになる

2 授乳の目安

　「生後0か月の授乳は2時間に1回」などといわれますが、母乳育児が安定するまでは時間や回数にこだわる必要はありません。あかちゃんに求められれば何回でも乳首を吸わせましょう。乳首を吸ってもらうことで、母体の乳汁刺激ホルモンが分泌され、だんだんと母乳が出るようになります。乳首を繰り返し吸うことで、あかちゃんも飲み方が上手になってきます。

　しかし一方で、飲み方がまだ下手だからといって、1回の授乳時間を20分以上にする必要はありません。長い時間口に入れていても、吸う力がつくわけではないからです。また、あかちゃんが乳首を離したときに、乳房に母乳が残っていたら、しっかり搾乳しておくことも大切です。残乳があると母乳量は増えません。

　おっぱいが出るようになって、あかちゃんもお腹いっぱい飲めるようになると、昼間遊んだり、夜眠ったりする時間が少しずつ長くなってきます。生後2か月頃には、活発に動く昼間は2時間～3時間ぐらいでおっぱいを欲しがっても、夜の授乳は、1、2回程度ですむようになってきます。

　個人差はありますが、4か月を過ぎると昼間も4時間近くもつようになり、夜は次第に起きなくなる子も増えてきます（表1）。

一方、人工乳（以下、粉ミルク）より母乳を飲んでいる子のほうが、おっぱいを求める回数に個人差が大きくなります。

　4か月頃になって、昼間よく遊ぶようになると、冷めた白湯や、極薄い野菜汁などで唇を潤して、水分の補給もしてやりましょう。5か月を過ぎると、徐々にスプーンで白湯を飲ませたり、おもゆや味付けのない野菜スープなどを少し口に入れたりすることもできるようになってきます。

　ところで、「母乳育児がいい」といっても、中には母体や母乳の問題、子どもの病気などで、粉ミルクが必要なあかちゃんもいます。それはそれで、問題ありません。あかちゃんと目を合わせて、語りかけながら飲ませるなど、スキンシップに気をつけて、心と心の交流を大切にした授乳をしていけばいいのです。

③ 授乳時の姿勢

　新生児〜4か月頃までのあかちゃんは、身体を立てて抱いたり、不安定に抱いたりすると、全身が緊張して飲みにくくなります。4か月頃までのあかちゃんは、重力に抗応する力がまだ育っていないからです。首を後ろに反らして顎を突き出すよう

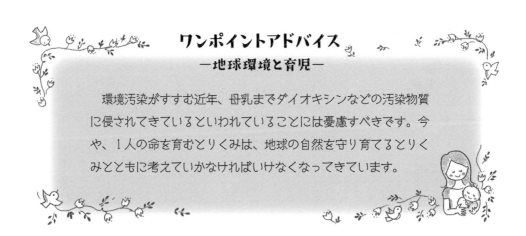

ワンポイントアドバイス
ー地球環境と育児ー

　環境汚染がすすむ近年、母乳までダイオキシンなどの汚染物質に侵されてきているといわれていることには憂慮すべきです。今や、1人の命を育むとりくみは、地球の自然を守り育てるとりくみとともに考えていかなければいけなくなってきています。

な抱き方も、原始姿勢反射である「緊張性迷路反射」を誘導することになり、飲みにくくします。

　新生児〜4か月頃までの授乳は、腕の中に寝かせぎみに抱き、顎が突き出ないように気をつけて抱きます。下肢を曲げて抱いても、飲みやすくなります。

　飲んだ後、げっぷを促すために、あかちゃんの背中を叩く人がいますが、これにも気をつけてください。背部のタッピングは背筋をはじめ全身の緊張を高めます。せっかく飲んだ乳を吐かせやすくしてしまいます。

　飲んだ乳を胃に落ち着かせるためには、身体を少し起こしぎみにして、背中ではなくお尻を数回軽く叩きます。あかちゃんの胃はトックリ状をしていて、身体を少し起こすことで飲んだ乳を落ちつかせ、牛角状の胃になるのを助けていきます。

　新生児期は、身体を寝かせぎみにした方がよく飲めますが、深夜は別としても昼間の授乳を、布団に寝かせたまますることは避けましょう。授乳は、親子が人のぬくもりを感じ合う時間でもあるのです。

　個人差はありますが、4か月半を過ぎると、あかちゃんは重力に抗応する力もつい

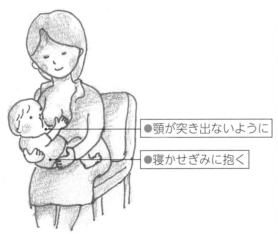

まだ首が座っていないあかちゃんの授乳

●顎が突き出ないように
●寝かせぎみに抱く

授乳後のゲップは、少し身体を起こしてお尻をトントン

てきて、身体を立てて抱いても上手に飲むようになります。飲んだ後でお尻をトントン叩く必要もなくなってきます。

4 新生児～乳児期前半のあかちゃんの体重

新生児の体重は、生後3日間ぐらいは減少します。母親のお腹から持ってきた胎便などを排泄するからです。出生時の体重に戻るには、1週間～10日かかりますが、生理的な現象ですから心配はいりません。

生後4か月を過ぎて立てて抱いた授乳

その後の約1か月はよく肥え、一日平均50グラムぐらい体重が増えるといわれます。しかし、これにも個人差がありますので、平均値にとらわれての心配は禁物です。あまり体重が増えないようでしたら、専門家に相談してください。不安は、母乳の出に影響するだけでなく、大人とあかちゃんの心の響き合いを阻害し、外に気持ちを開き始めているあかちゃんに、母親の存在の大きさや、人の存在の大きさを感じにくくしていくことにもなります。

生後しばらくはよく体重が増えたあかちゃんも、体の動きが活発になってくると、体重の増え方は次第に緩やかなカーブを描くようになり、四つ這いをする頃にはあまり体重が増えなくなります。

🌱🌱 3●乳児期前半の排泄と着替え 🌱🌱

1 おむつ換え

乳児期前半のあかちゃんは、1日に3回も4回も便が出ます。授乳する度に出す子もいます。これはまだ腸管が短くて、腸の機能も未熟だからです。おしっこも頻

尿ぎみです。

　便は、初めは泡のようですが、次第に柔らかい緑色の便になってきます。粉ミルクを飲んでいる子の便は、母乳の子の便より黄色です。母乳の子も、流動食をとるようになると、便が徐々に黄色くなってきます。においは、緑色の頃はすっぱいにおいですが、黄色くなると便特有のにおいになってきます。

　おしっこや便が出ると、その都度ぬるま湯で絞った布できれいに拭き、新しいおむつに換えます。そして、あかちゃんを抱き上げて、「すっきりしたね」などと声をかけて、気持ちよさを共感し合いましょう。

　かぶれなどで皮膚がじめじめしているときは、ぬるま湯できれいにした後、乾いた布や、柔らかい温風などで患部をよく乾かしてからおむつを当てるようにします。

　外界を受けとめる力が少し育ちはじめた2か月頃からは、皮膚の鍛錬も兼ねて、お尻を拭くのはぬるま湯でなくても、水でしぼった布にしていってもいいでしょう。

2 あかちゃんが着るもの

　あかちゃんの洋服を着替えさせるときは、あかちゃんの肌に触れて軽くさすったり、「着替えようね」「はい、腕を通しますよ」など、話しかけるようにしましょう。着替えは大切なコミュニケーションの機会です。

　新生児〜生後2か月頃までは、着替えたりおむつ替えがしやすい「カバーオール」や「ロンパース」と呼ばれるような、上下がつながっているタイプの洋服を選ぶことが多いでしょう。しかし、生後2か月〜3か月になって、あかちゃんがよく手足を動かして遊ぶようになったら、遊びのときはおむつをはずしてパンツにしてやりましょう。着るものも、上下がつながっ

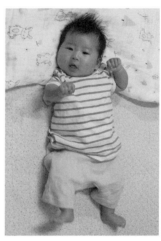

生後2か月になったら上下別れた洋服を

ていない身軽な服を選びます。

　あかちゃんの身体は新陳代謝が激しく、皮膚呼吸も盛んですから、化学繊維の洋服はできるだけ避けて、綿などの自然素材の服を選びましょう。化学物質が生態に及ぼす影響が社会問題になっている昨今、これから成長しようとしているデリケー

ワンポイントアドバイス

―布おむつのススメ―

　布おむつは濡れたまま放っておくとかぶれやすいですし、洗濯などの手間もかかるので大変です。紙おむつの方が便利なので、紙おむつを選ぶ保育者が多いことでしょう。

　最近は、「長時間つけていても蒸れずにあかちゃんのお尻サラサラ」といった、あかちゃんが不快に感じないことを謳い文句にした紙おむつが溢れています。しかしこれでは、あかちゃんはおむつが濡れたことに気づかず、この時期に最も大切な「快・不快に気づく」ことができません。それに、紙おむつには化学物質も含まれています。化学物質があかちゃんの身体に及ぼす影響があまり明らかになっていない現在、長時間それをあかちゃんの皮膚につけておくことも心配です。

　そして紙おむつの一番の弊害は、保育者が「あまりとり替えなくても大丈夫」と思ってしまうことから、あかちゃんが泣いても保育者はすぐに関わらなくなり、あかちゃんも次第に周りの人を呼ばなくなっていってしまうことです。母子関係や、身近な社会とのコミュニケーションの土台をつくり始めていくこの時期に好ましいことではありません。

　こうした理由から、外出などでやむを得ないとき以外は、なるべく布おむつにしたいものです。

トなあかちゃんの身体に、化学製品を常時密着させるのは避けたいです。化学繊維から起こる静電気も、あかちゃんの身体にはよくありません。

　上下が分かれたベビー服や、純綿のあかちゃん服を探すのは容易でない時代ですが、着るものにしても、遊ぶ玩具などにしても、できるだけ自然の素材でできたものを選びたいものです。

4 ● 乳児期前半の睡眠

1 睡眠と覚醒のリズム

　生まれたばかりのあかちゃんは、まだ睡眠と覚醒のリズムに昼夜の区別がありません。しかし、1週間ほどすると次第に光に反応するようになり、1か月頃になると、睡眠は夜間に、覚醒は昼間に少しずつかたまり始めます。外界の刺激に出合うことで、あかちゃんは外界を受けとめ、適応していく力を伸ばしてくるのです。昼間は自然の明るさの中で子どもと生活し、夜は暗い中で寝る。そんなごく当たり前の生活が、まず子どもの発達には大切なのです。

　通常、生後2か月〜4か月で、あかちゃんの生体リズム（体内時計）は地球の概日リズムに協調し始めます。そして、あかちゃんの睡眠は夜にかたまり、昼間は起きている時間が長くなってきます。

　人が元々もっている生態のリズムは1周期約25時間だといわれます。そのリズムを地球のリズムに同調させるには、地球の自転に合わせた生活のリズムを保っていく「努力」が必要です。毎日夜8時までに眠りに就いているあかちゃんでも、家族の都合などでしばらくその時間に寝かせることができないと、次第に8時には眠れなくなり、寝る時間が9時、10時にずれ込んでいきます。夜の眠りに就く時間が遅いと、朝もすっきり起きられず、午前中の活動にも影響してきます。

　子どもが大きくなって出てくる症状に、夜間目が冴え、昼間無気力になる「ふくろ

う症候群」があります。これは、生活リズムの乱れからくる症状の最たるものでしょう。

乳児期前半のあかちゃんでも、生活リズムに乱れがあると以下のような状態を示すことがあります。

〈乳児前半期のあかちゃんの睡眠の問題〉
- 昼間の機嫌がわるい
- 身体を突っ張る
- 夜の寝つきがわるい
- 眠りが浅い

生後3か月を過ぎてこんな状態が続くようでしたら、生活のリズムを見直してみてください。また、生活リズムと合わせて、あかちゃんの寝る環境についても見直してみましょう。知的活動や身体運動などをつかさどる体制神経の大部分は眠っていても、わずかな刺激に反応している神経もあるのです。次のような環境は、あかちゃんの良質な睡眠を妨げますので注意してください。

〈あかちゃんの睡眠の際に遠ざけたいもの〉
- あかちゃんの部屋にこうこうと電灯がついている
- 隣の部屋で家族がテレビの音を出して見ている
- 寝ているあかちゃんのすぐそばに、電磁波や電子音を発する電子機器（スマートフォンやパソコンなど）が置いてある

 昼寝

昼寝は、できるだけ静かなところに寝かせます。ただし、夜の睡眠のときのように、部屋を暗くしたり、音を遮断したりする必要はありません。部屋は薄めのカーテンで外の光を少し遮る程度。音も、大きな音や騒がしい音でなければ、家族の生活音や外の自然の音が聞こえていても差し支えありません。かえって耳の向こうにお母

さんなどの気配が感じられると、あかちゃんはより安心して眠れます。

　各月齢のあかちゃんの睡眠の目安は、表2の通りです。ただし、これらの回数や睡眠時間はあくまでも目安です。この範囲でなければいけないという数値ではありません。あかちゃんには個人差があります。必要なことは、あかちゃんに寄りそいながら、夜にはしっかり眠れる環境をつくり、昼間には外界に気持ちを向けて、社会や自然と関係を結んでいける環境をつくっていってあげることです。そんな育児の中で、あかちゃんが眠くなれば寝かせてやればいいのです。

　ただ、4か月になって、夜もしっかり寝ているのに、昼寝をするとなかなか起きられないような子がいたら、目安の時間を参考にして、部屋を明るくしたり、声かけをしたりして、目覚める環境をつくってあげてください。

ワンポイントアドバイス

―エジソンが家庭用電気を発明してから、まだたったの140年―

　私たちの祖先は、何万年・何百万年もの長い間、夜は安全な場所を確保して眠り、昼は外で活動をしてきました。子どもの成長・発達においても、夜眠り、昼活動することで、生態のバランスを保ち、成長していく面があるのです。とりわけ、神経系やホルモン系、免疫系などの生理的成長は、こうした生活リズムと深く関わっています。自律神経の働きでいうと、昼間は交感神経が身体活動を支え、夜に副交感神経が内臓器などの生理を調整し、その成長を促していきます。ですから、あかちゃんが夜遅くまで起きていると、朝に眠くて交感神経の働きもわるくなってしまうのです。

　また、交感神経が休む夜の時間帯にいつまでも起きていると、交感神経の興奮状態を恒常化させ、身体や心に異常な緊張状態をつくってしまいます。

表2　月齢と睡眠の目安

月齢	昼寝の回数	昼寝時間	トータル睡眠時間
0か月〜1か月頃	まちまち	●個人差があります ●1時間もしないで目を覚ます子もいれば、4時間ほど寝る子もいます ●目覚めている時間も数十分〜2時間近くまで、まちまちです ●この時期は昼寝の回数にこだわらず、夜でも昼でもあかちゃんが眠くなれば寝かせます	16時間〜20時間
1か月〜2か月頃	まちまち	●1か月を過ぎると生体のリズムが整い始め、次第に昼間に起きている時間が長くなってきます	16時間〜20時間
2か月〜3か月頃	3回	●朝に30分〜1時間 ●昼に2時間〜3時間 ●夕方に30分〜1時間程度	14時間〜15時間
4か月〜5か月頃	2回	●朝に30分〜1時間 ●昼に2時間〜3時間	12時間〜13時間

3 寝かせ方

人は、直立二足歩行を獲得したことで、身体構造的に仰臥位（仰向き）ができるようになりました。仰向きで寝ることができるのは、人間の特徴の1つだといってもいいでしょう。私たちの国では昔から、「健康な子は大の字になって寝る」

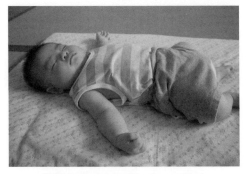

健康な子は大の字になって寝る

と言い伝えられてきましたが、身体に何らかの異常が出てくると、仰向きを嫌がるようになります。あかちゃんをゆったりと仰向きで寝かせるには、どうすればいいのでしょう。

まず、仰向き寝のとらせ方です。首や背の反りは、緊張をまねきます。首が反る子は薄い枕などで調節して、顎が上がらないようにします。背中に余計な反りをつくらないためには、固めの布団に寝かせます。それでも背中が反るようでしたら、膝の下に丸めたバスタオルなどを入れ、骨盤を水平位に起こしてやると、背骨の反りは緩みます。

　次に、眠りにつくときは周りを暗くして、機械音なども遠ざけます。寝かしつけるときは、保育者が低い声で歌いかけたり、話しかけたりしながら、お尻や肩の側面を軽く叩く程度の刺激にします。胸をトントンするときは、極力柔らかめにします。

　掛け布団を分厚くし過ぎても、子どもはよく寝られません。特にあかちゃんの体温は大人より１度〜２度も高いので、薄めの布団を胸までかけるだけでいいのです。室温が７度〜８度もあれば、手が外に出ていてもかまいません。かえって、熱を放出することで、体温を調節する力をつけていきます。

　健康な子は大の字に寝るといいましたが、人の夜の眠りにはリズムがあり、深い眠り（ノンレム睡眠）と、浅い眠り（レム睡眠）が交互にやってきます。眠りが浅い時間帯にはよく身体を動かし、月齢が高くなると布団からはみ出すことも度々あり

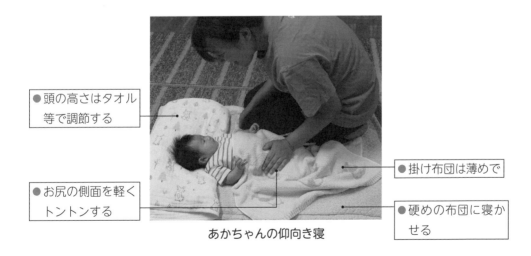

- 頭の高さはタオル等で調節する
- お尻の側面を軽くトントンする
- 掛け布団は薄めで
- 硬めの布団に寝かせる

あかちゃんの仰向き寝

ます。そんなときの動きや姿勢は気にする必要はありません。眠りにつくときに仰向きを嫌がらず、快適に眠りに入っていけることが大事です。

24 うつ伏せ寝

　生まれて間もないあかちゃんが一人で長い時間いられたり、自由に手足を動かせたりする姿勢は、仰臥位（仰向き）です。腹臥位（うつ伏せ）では、動きが制限されるし、しばらくたって首が動かせるようになっても、背筋をはじめ上下肢の緊張を伴った動きになります。頭を上げようとすると全身が反って、3か月過ぎには飛行機のような姿勢になってしまいます。こんな状態を続けると全身の緊張が高まっ

ワンポイントアドバイス

―お昼寝と音について―

　静かな音であっても、乳児期前半の子どもにオルゴールの音や電子音などを聞かせることは避けてください。玩具遊びのところでも述べますが、感覚機能が未発達なこの時期のあかちゃんは、高音域の音は快くとらえられないのです。長く聞いていると、身体が緊張してきます。

　また、兄弟がいたり、大勢の子どもたちをあずかる保育室であったりして、やむなく少し雑音があるところであかちゃんを寝かせなければいけないときは、雑音がする方に足を向けて寝かせてください。頭の方で音がすると、神経が高ぶりやすいからです。頭の方に気持ちが向くと、それに伴って眼球もそちらに向かい、頭が後方に引かれて緊張性迷路反射など、原始姿勢反射の影響もでてくるのです。緊張性迷路反射については、後述の「身体を突っ張る子の抱っこ」を参照してください。

て、仰向きに寝かせ直しても、保育者が抱いても、子どもは身体を突っ張るようになります。

　子どもが上半身を肘で支えて自由に頭が上げられるようになるのは、月齢でいうと4か月半頃からです。それ以前の腹臥位はあかちゃんにとって負担が大きく、その姿勢で寝ているだけでも緊張をまねきます。緊張が高くなると身体を突っ張

飛行機のような緊張状態

るだけでなく、常に一定の緊張を保っていないと気持ちが安定せず、静かなところで仰向きに寝ることもできなくなってきます。

　うつ伏せ寝は、首のすわりを促進したり、呼吸器機能を強めるなどといって、新生児期から奨励された時期もありましたが、機能的な首のすわりは、発達の過程をとばしてなされていくものではありません。呼吸もうつ伏せではまだ柔らかい肋骨部（胸郭）が圧迫され、かえって浅くなります。身体の発達であっても、心の発達であっても、発達は原則として順序を追って進んでいくものなのです。まだその時期でないのに先々のことを求めていくと、身体や心には負担が生じてきます。

　もちろん、稀に生まれつき弱さをもっていて、早期からうつ伏せで筋緊張などを高めながら発達を促していかなければいけない子もいます。それはそれで、専門家のアドバイスを受けながら適切な保育をしていきます。

5　抱っこでしか眠れない子

　あかちゃんの中には布団で眠れず、抱っこで眠らせても布団に下ろした瞬間に泣きだしてしまう子がいます。身体に病気や何らかの異常があれば、それが微細なものであっても、あかちゃんは深く眠れなくなってしまうことがあります。

表3 昼寝が苦手な子へのチェックポイント

チェックポイント	理由
夜寝る時刻が遅い	●あかちゃんにとって、午後8時を過ぎるともう夜の時間帯です ●9時、10時まで起きていると、昼間の神経（交感神経）の興奮状態が恒常化し、夜だけでなく、昼寝もしにくくなってきます
夜寝ている部屋が明るい	●神経を刺激して、寝にくくします
テレビや動画がついている	
パソコン、スマホなどの電磁波グッズが近くにある	

しかし、これといった異常は見つからないのに眠れない子がいたとしたら、次のような点をチェックしてみてください。

太陽が西の空に落ちて時計が夜の7時をまわったら、刺激がない部屋であかちゃんを寝かせてください。「今まで9時になっても10時になっても眠れなかった子なのに、そんなに早く寝るはずがない」と思わずに、この時間に子どもを寝かせるようにします。

その他、あかちゃんの寝かしつけのポイントは以下の通りです。

① 寝かしつけようとすると泣く場合

あかちゃんを横抱きにして立ってください。そして歩きながら寝かしつけます。火がつくように泣きだしたら、その場で駆け足をするように動きます。すると、あかちゃんは落ちついてきます。なぜかというと、一哺乳類である私たちの遠い祖先は、外敵に遭遇したとき、子どもを抱きしめ、安全な場所に逃げたからです。そのとき、抱かれていた子どもも、敵に見つからないように声を沈め、大人に身をまかせて逃げました。子どもたちも本能的に身を守ろうとしたので

す。子猫が親猫に咥えられ、身を隠すときも、鳴いたり、もがいたりはしません。

② 車で寝かしつけるのは控える

運ばれるということでいうと、あかちゃんは移動する車の中でよく眠ります。けれど車の中は騒音が多く、電磁波もいっぱいです。神経は深く休まりません。車で寝かせるのは、できるだけ避けましょう。

横抱きにして立ち、歩きながら寝かせる

月齢が高くなると重くて大変ですが、なかなか寝られないあかちゃんはやはり、保育者の暖かい腕の中で、胸の鼓動を聞かせながら寝かせてやるのが一番です。

③ せっかく寝たのに、保育者が座ると泣き出す場合

泣いていたあかちゃんが静かになり、腕の中でまどろみはじめると、保育者は椅子にでも腰を下ろしたくなります。しかしどんなに静かにしゃがんでも、腰をかけた瞬間にまた泣きだします。あかちゃんは外敵から逃れ、安全な場所に着いたとでも思うのでしょうか。

保育者が座っても目を覚まさないでいてもらうには、深い眠りについてもらう必要があります。目を閉じたあかちゃんが、腕の中で深い眠りに入るには、7分〜10分近くかかります。その間、歩く必要はありませんが、保育者は立ったままでいる必要があります。立って、あかちゃんの身体を軽くゆするか、お尻の辺りを手のひらでトントンしていてやります。深い眠りに入ると、布団に入れてもそのまま眠ってくれます。夜中に起きそうになると、寝たままでトントンします。

④ 朝の目覚め

朝5時前後に起きたら、もう一度寝かしつけようとせずに、部屋を明るくして

保育者も一緒に起きてください。あかちゃんにとっては、4時過ぎからは朝の目覚めです。朝、5時頃に起き、光を浴びて活動を始めると、それから14時間余りで脳内の松果体から眠りを誘うホルモンであるメラトニンの分泌が盛んになってきて、次の夜の眠りに入っていきます。夜7時過ぎに抱っこで寝かせるのは大変ですが、3日〜1週間ほど続けると、夜なかなか眠れなかったあかちゃんも、抱っこでなく、次第に布団で眠れるようになってきます。

5 ● 乳児期前半の抱っこ

1 首がすわっていないあかちゃんの抱っこ

首がすわっていないあかちゃんを抱くときは、首や体幹が反らないように顎を引き、下肢を屈曲させて、両腕で包むように抱きます。身体を反らすように抱いたり、前抱き紐で身体を立て、顎を突き出すように抱く抱き方は、この時期のあかちゃんには大きな負担になるのです。

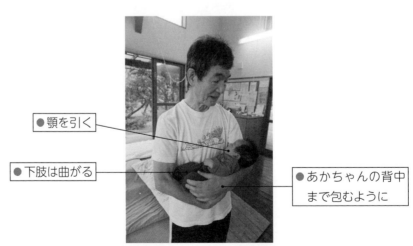

まだ首のすわらないあかちゃんの抱っこ

2か月を過ぎて、大人の顔を見るとよく笑うようになったあかちゃんでも、身体を反らせたり、立てて抱いたりすると視線が合わなくなり、あわてて私のところに相談にくるお母さんもいます。そんなお母さんに、「あかちゃんの顎を引き、身体を寝かせて抱いてごらん」というと、目と目が合い、お母さんは安心して帰っていきます。4か月頃までのあかちゃんが、自分で無理なくとれる活動姿勢は仰臥位なのです。

　もちろん、まだ重力に抗応して活動しにくいあかちゃんでも、眠りから起きて目覚めをつくってやるときや、授乳後などには少し身体を立ててあげることも大事です。しかし、身体を立てることはあかちゃんにとっては負担が大きくて、感覚や運動などの機能が落ちるということを保育者が知っていて、無理にならないようにしていくことが大事です。

　私たちの国では、1950年代頃まで、まだ首のすわらないあかちゃんは固綿のおくるみにくるんで抱きました。抱き起こすにしても、あかちゃんの体を重力からしっかりと守って抱いたのです。

コラム
ある女将との出会いとあかちゃんの抱っこ

　もうずいぶん前のことになりますが、北埼玉で保育学習会があった後、ある男性園長さんと小さな居酒屋に立ち寄ったことがあります。60歳前後だったでしょうか、気っぷのいい女将が私たちの話に割り込んできて、こんなことをいいました。

　「私らは、昔っから子どもの頭と背中は叩くなといわれてきたものさ。叩くならお尻だと。先生たち、これには何か意味があるのですかい。私の娘も子育て中だけど、今の若い人らはあかちゃんを抱くこともできないね。ひっ抱えているよ……」。

　話を聞いて、私たちは思わず顔を見合わせました。なるほど、全身を緊張させて突っ張っている子をよく見ると、体幹部では背部の伸筋群に力が入り、上下肢は屈筋群側に力が入っています。このことからも分かるように、背部への刺激や、上下肢の屈筋群への刺激は、強い反りや緊張を助長することになり、臀部や上腕の外側、胸部などへの刺激は緊張をまねかないことになります。そればかりか、かえって臀部や上腕の外側、胸などへの刺激は、それと拮抗する背部や、上下肢の屈筋群側の緊張を緩めることにもなります。

　昔の人たちは、長い経験からこのことを、子育ての知恵として知っていたのでしょう。あかちゃんを抱いて寝かすときも、低い声で歌いかけながら膝や身体でゆっくり揺すり、お尻や肩を軽く叩いて寝かせました。あやしたり、寝かせたりするときに、お尻や肩、胸などを叩くと握りしめている手指が緩み、足の指も開いてきます。いらない力がとれてくるのです。

2 向かい合いの抱っこ

あかちゃんは2か月を過ぎると、正中線（身体の正面中心線）を越えて物を追視できるようになってきます。また、正面の物を注視できるようにもなってきます。笑顔も気持ちがいいときに生理的にでてくる笑顔でなく、はたらきかけてくれる相手にほほえみ返す笑顔に変わってきます。こんな時期には、あかちゃんと正面から向かい合ったあやしかけも大事になります。ときどき、あかちゃんを保育者と向かい合って抱いてあやしましょう。

向かい合いの抱っこ

このときの抱き方も、首や身体を反らしたり、下肢を突っ張らせたりしてはいけません。身体を縦に起こしても目が合わなくなります。大人と向かい合うと、保育者のウエストであかちゃんの股関節を開き、片方の手であかちゃんの腰部から背部にかけてを、包むように支えます。もう一方の手では、首が反らないように、肩甲部から頭部を支え、顔と顔が向かい合うように抱きます。

あかちゃんの身体が大きくて、手だけでは抱きにくいようでしたら、保育者が低い椅子に腰を下ろし、両膝を緩く立てて、手と膝であかちゃんの身体を支えるようにします。3か月を過ぎると笑い声もいっぱい出て、全身であやしかけに応えてくれるようになります。

まだ重力に対応する力が弱い乳児期前半のあかちゃんを、宙に浮かせるように不安定に抱いたり、前抱き布（スリング）にぶら下げるように抱いたりすると、あかちゃんの身体には異常な緊張が生じて、目と目が合わせにくくなります。向き合いの抱っこが難しいようでしたら、無理に向き合いの抱っこをする必要はありません。顎を

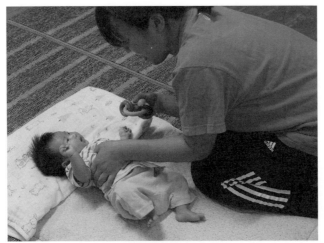

引き気味に仰向きに寝かせて、正面から関わってやればいいのです。腕の中に横抱きにして抱いていても、目と目を正面から合わせることはできます。4か月前までのあかちゃんの抱っこは、重力からも守ってやります。

仰向きに寝かせて正面から関わる

③ 身体を立てた抱っこや支え座り

　あかちゃんも4か月を過ぎると首がすわり、重力に抗応して活動する力が出てきます。腕の中に寝かせぎみに抱かれていても、自分から起きようとし始めます。ここまでくると、抱っこもまだ不安定な腰から背にかけてを保護するだけで、あかちゃんの身体を立てて抱いてもよくなります。この段階では、保育者のあやしかけに笑顔で応えるだけでなく、玩具が視界から消えると探そうとしたり、声が聞こえるとそちらに向こうとしたりします。近づいた玩具に手を伸ばすようにもなります。こうなったら、抱っこをしても肩から上は解放してあげましょう。保育者の片腕にお尻を乗せて、その手と保育者の胸で下半身を安定させ、もう一方の手で脇の下から背中を支えるように抱き上げます。

肩から上を解放した抱っこで玩具遊び

脇の下を支えながら、あかちゃんを保育者の膝の上に座らせてもいいでしょう。

首のすわりがしっかりしてくると、おんぶもできるようになってきます。しかし、眠ったときなどは首が不安定になってしまうので、1歳過ぎまでは月齢に応じて首のガードをします。おんぶができるといっても、自分でお座り姿勢が取れるようになる8か月後半頃までのおんぶは、できるだけ短時間にします。

お母さんや保育者の膝の上で、身体を起こして遊べるようになったあかちゃんは、より広く外界をとらえるようになり、身体運動も一層活発になって乳児期後半にすすんでいきます。

54 身体を突っ張る子の抱っこ

胎児期から出産期にかけ、あるいは出産間もなく脳内の神経などに何らかの異常やストレスを受けてきたあかちゃんは、布団に寝たときも、抱っこをされたときも、身体を強く突っ張ってしまうことが多くあります。こうしたあかちゃんは専門家の指導が必要です。

しかし、これといった原因や異常は見当たらないのに、身体を突っ張って抱っこがしにくい子もいます。筋肉の質によっても違いますが、筋張った筋肉の子はより強く突っ張ります。こうしたあかちゃんの突っ張りは病的なものではありません。乳児期前半のあかちゃんには、緊張性迷路反射や、ガラント反射などといった原始姿勢反射が残っていて、この反射を誘発するかたちで寝かせたり、抱っこをしたりするとあかちゃんはのけ反ってしまうのです。

あかちゃんを抱くときは、どの子も身体が突っ張らないように抱いてやりたいですが、突っ張りが強い子は弓なりになって、なかなか身体が丸まりません。緊張性迷路反射でいえば、顎が上がれば全身は突っ張りますが、顎を引けば腕や足は曲がり、緊張は緩みます。しかし、保育者が顎を引こうとすると、かえって強く顎が上がり、身体が突っ張ります。

この場合、あかちゃんの身体が反っても、保育者はそれに逆らわないでください。無理に顎を引かせようとしたり、身体を丸めようとして保育者が加える力は、収縮しているあかちゃんの背中側の筋肉を刺激し、より強く収縮を促すからです。あかちゃんが頭を後ろに反らせて突っ張りはじめると、さらに深く反らすことができるように、頭を支えている保育者の腕もその動きに応じてやればよいのです。胸まで反らせ、頭を後方に引いてしまうと、今度は胸部側の筋肉が刺激され、背部側の緊張はゆるんで、あかちゃんは自然に身体を丸めた姿勢をとります。その状態であかちゃんの顎が上がらないようにし、足も屈曲させて、リラックスした姿勢を保持してやればよいのです。リラックスしたからといって強く丸め過ぎるのもよくありません。強く丸めると、また背筋が刺激されます。

　腕の中や、膝の上で、あかちゃんがリラックスできると、目と目を見合わせて声掛けをしたり、玩具を追視させたりしてあやしかけてやりましょう。

コラム
原始姿勢反射ってどうしてあるの？

　乳児期前半のあかちゃんに残る原始姿勢反射は、必要ないものだったのでしょうか。そうではありません。緊張性迷路反射やガラント反射は、あかちゃんが狭い産道をとおって産まれてくるのに必要な、とても大切な反射なのです。

　お母さんの陣痛が始まると、子宮の収縮で胎児は産道の方に移動し、頭が産道へ入ります。産道に入った頭は後方に引かれて顎が上がった状態になります。すると、緊張性迷路反射で前身が弓反りに伸展して、肩も産道に入っていきます。産道に入ったあかちゃんは、陣痛やいきみによる身体への圧迫刺激でガラント反射を誘発し、身体を左右にくねらせたり、反らせたりしながら、産道を出てくるのです。これらの反射がなかったら、自力でお母さんのお腹から出てくることができなかったのです。また生まれて以降もガラント反射はまだ胃腸の働きが弱いあかちゃんの排便も助けています。

　あかちゃんが産まれて、よく手足を動かすようになると、顎を上げて全身を弓なりに反らす反射や、ガラント反射などは必要でなくなります。ところが、これらの反射は消滅というかたちではなくなっていきません。生後以降に出現してくる、より高次な反射にとりこまれて消えていくのです。

　緊張性迷路反射や、ガラント反射は、中脳レベルの反射が出てくる4か月以降に少しずつ姿を消していきます。しかし、いつも顎を上げてあかちゃんを抱いていたり、トントン背中を叩いたりしていると、これらの反射はなかなか消えません。緊張性迷路反射が学童期まで残っていくと、動きがぎこちない、黒板の字などが浮き上がって見える、方向や空間感覚がつかみにくく、球技などでボールが受け止めにくいなどといった状態が見られるようになってきたりします。また、ガラント反射の残存では、椅子などに座ると身体がくねくねする、頻尿や夜尿が続くなどの状態が起こります。

② 乳児期前半のあやし遊び

　生まれたばかりのあかちゃんは、生後1週間ぐらいで次第に目が見えるようになり、3週間もすると、お母さんの顔や明るい玩具を追って目を動かすようになります。そして1か月を過ぎた頃には、「おや、何だろう」という感じで、目の前の玩具を見るようにもなります。

　あかちゃんがしっかりと目覚めている時間に、顔を覗き込んでやさしく話しかけたり、やわらかい音のでる玩具で追視を誘ったりしてやることは、あかちゃんが外界に気づき、外界に気持ちを開いていくうえで大切です。

　あかちゃんにあやしかけるときは、次の点に注意しましょう。

- あかちゃんの身体が反らないように、顎を引きぎみにして寝かせます。
- 顎が上がって頭が後ろに反るようでしたら、枕などで調節します。
- 4か月を過ぎるまでは顎を引いた姿勢、上半身が重力に逆らわない姿勢が物をとらえやすいです。
- 抱っこであやすときは保育者の胸と腕でしっかり抱き、あかちゃんの姿勢に気をつけます。
- 保育者の目や玩具の位置は、あかちゃんの目の前25cm～30cmのところです。乳児期前半のあかちゃんは、これくらいの距離が一番ものをとらえやすいといわれます。

1・乳児期前半に玩具であやす際のポイントと注意点

　生まれて間もないあかちゃんをあやすのに使う玩具を選ぶ際は、以下の点に注意しましょう。

1 できるだけ明るい色で、柔らかい音のでるものを選ぶ

　あかちゃんは生まれてすぐから、音には反応します。お母さんのお腹の中では光には出合いませんが、音には出合うため、聴覚の機能は胎児期から育っています。しかし、胎内で聞く音は体壁や羊水などを通した、低くてこもった音です。そのため、お腹の中で育つ聴覚機能は主に、低くて柔らかい音をとらえる機能なのです。

　生まれてきたばかりのあかちゃんは、お母さんなどが話しかける静かな声にはよく反応しますが、大きな音や高い音などに出合うとびっくりします。鈴や風鈴のような高音域の音にも快く反応できるようになるのは、生後4か月半を超えてからです。そのため、あやしかけで使う玩具は、木片玉が当り合うような柔らかい音の出る玩具にします。

2 玩具の素材に気をつける

　あかちゃんは4か月になると、玩具をつかんで口に入れるようになります。色が溶けだしたり、化学物質がにじみ出すような玩具は身体を害します。触れたり、つかんだりした際にあたたかみのあるもの、小さな手に持ちやすいものを準備してやります。

3 ある程度の重さも必要

　玩具があまり小さすぎたり、軽すぎたりしても、よくありません。外界に気持ちを向け始めたあかちゃんに、持ったものへの意識を継続させるためには、ある程度の重さも必要です。

●木製で、自然素材の身体に優しい染料で色鮮やかに染められたガラガラを選ぶ

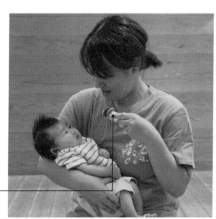

乳幼児期前半の玩具は木製がおすすめ

最近は玩具売場を覗くと、新生児の玩具でも強い電子音やチカチカした光を放つものが多く出ています。こうした刺激は、子どもの特定の感覚を興奮させ、柔軟に広がっていこうとする感覚の育ちを妨げます。中には、過度な刺激で睡眠を障害したり、身体に異常緊張を招いたりするものもあります。こうした玩具は避けます。

コラム
準備する玩具にも気をつけましょう

生まれて間もないあかちゃんは運動面で未熟なように、感覚機能面でも未熟です。駅や列車の騒音の中、大きな音のでる音楽会場、戸外から聞こえてくる工事の音、強いゆさぶり……、こんな環境の中では、大人が思っている以上に疲れてしまいます。

テレビやCD、スマホやパソコンの動画などを使った子育てはどうでしょう。こうした機器による刺激は、まず固定したところからの光や音です。目で物を追う力や、音を追う力を広げようとしているあかちゃんの育ちに、好ましい環境をつくることにはなりません。また、これらの光や音は人の感覚に届きやすくできていて、特定の感覚に対する反応を過敏にし、広がりを持った感覚、細やかな感覚を育てていくことにもなりません。それにテレビやCD、動画などは、子どもが反応しても、子どもの心の変化に応じてはくれません。こうして見ると、テレビやCDなどでの子育ては感心しません。テレビの強い光が脳神経の働きを乱したり、電気製品からでる電磁波や放射線などが、人の身体に害を及ぼすともいわれる昨今です。

あかちゃんの時期から音楽を聞かせると、情緒の豊かな子に育っていくという人もいますが、やわらかい風やせせらぎの音、お母さんの声、小動物や虫の声にまで耳を傾け、その変化を楽しむことができるようになった子どもは、うつくしいものをうつくしいと感じる子にもなっていくのです。機械を通した音楽より、自然の中から聞こえてくる生の音や、温かい心のこもった保育者の声が、子どもの発達にとっては大事なのです。

2 ● あかちゃんと向かい合ったあやし遊び

　ここでは、「見る」「聞く」「触れる」などの感覚機能の発達と、体幹から四肢の動きを分化させていく運動機能の発達、手指の開きなどとの関係を押さえながら、乳児期前半のあかちゃんの遊びについて触れていきます。

1 生後1か月～3か月のあやし遊びのポイント

　まだ首が座っていないこの時期のあかちゃんは、仰向きに寝かせても顔は右向きか左向きになります。その顔を保育者が正面に向くように押さえて働きかけるのではなく、初めはあかちゃんの視線の方向に保育者の目や玩具を持っていってあやします。

　あかちゃんの目が保育者の目や玩具をとらえたとき、少し上目遣いになっているようでしたら、保育者の目や玩具の位置を少し足の方にずらします。あかちゃんの目が上目遣いになると、緊張性迷路反射などの原始姿勢反射を引き起こしやすくなるからです。身体に緊張が入ると、目はものをとらえにくくなります。

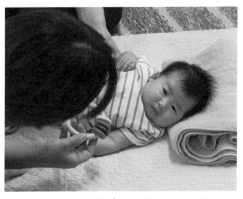

あかちゃんの視線が上目遣いにならないよう、位置に気をつける

　顔が右向きになったあかちゃんと遊んだあとは、左向きにもして遊んでやります。

① 追視と運動

　生後1か月を過ぎたら、あやしかけで追視や運動を促します。

　あかちゃんを軽装にして四肢を解放し、あやしかけながら、柔らかい音のでる玩具で追視を誘いましょう。生後2か月頃までは正面を越えて反対側への追視

- ●向いている方の手足が伸びる
- ●向いていない方向の手足が曲がる

視線の向きによって非対称姿勢をとるあかちゃん

はまだできませんが、あかちゃんの顔の向きを右に代えたり、左に代えたりしながら、丁寧に誘ってみます。このとき、あかちゃんの目が玩具を追って側方に向かうと、視線が向いた方の上下肢が伸びる方向に緩み、反対の上下肢が軽く曲がる現象がみられます。視線が正面に向くと、両手は床から上に上がります。生後1か月前後から玩具などを追ってでてくるこうした非対称的な動きの、左右への交互出現が、やがて四肢の動きを体幹から分離させていきます。

生後2か月を過ぎると、玩具を目で追って正面を越えて左から右へ、右から左へと、しっかり追わせるように誘います。

正面を超えて追えるようになったら、玩具を胸の上に止めて注視させてみます。

生後2か月を過ぎると手と手が胸の上で合うようになる

玩具を追って顔が左右に動き、正面でも保持できるようになると、上下肢は身体の前に上がり、手と手は胸の上で、足と足はお腹の上で合うようになります。この頃からは、保育者のはたらきかけも正面からのはたらきかけを多くします。

ワンポイントアドバイス
－生後2か月を過ぎても追視が苦手な場合－

あかちゃんの中には、2か月になっても、一方の方向に動く玩具は追視できても、他方に動く玩具は追視しにくい、身体の反りで手が前に出てきにくいといった子がいます。

身体がよく反る子は、頭が後方に倒れていないか確かめ、まず顎を引くように薄い枕などで頭の位置を直します。そして、左方向に追視しにくい子には、子どもの右上半身を保育者の左手で軽く起こし、もう一方の手で追視をさそいます。このとき、保育者の左手のひらの大半と小指から人差指はあかちゃんの背部を支えますが、親指は胸の方に回して、乳頭の下2cmほどのところを軽く押さえます。あかちゃんは右半身を少し起こしてもらうと、左に追視しやすく、左を起こしてもらうと右に追視しやすくなります。

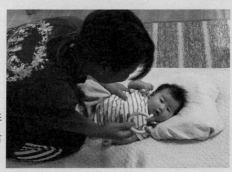

右上半身を保育者の左手で軽く起こし、もう一方の手で追視をさそう

② **手指へのはたらきかけ**

　生まれたばかりのあかちゃんは、原始的な把握反射で手を握ることが多く、玩具を持たせると無意識に握ることもあります。生後2か月を過ぎた頃、あかちゃんが玩具を追って首を動かし、手足が身体の前に上がるようになると、今度は手指が次第に開くようになってきます。それまで玩具を握ることもあった手が握らなくなったからといって、成長を促すつもりで手のひらに玩具や保育者の指を入れて握らせようとするのは逆効果です。成長に伴って消えていこうとする原子反射を刺激し、長く残存させて、かえってその後の手の開きや機能に悪い影響を与えてしまうからです。

　あかちゃんが自分から物を握るようになるのは、生後4か月過ぎからです。それまでのあかちゃんの手指の発達で大事なことは、物を握ることではありません。それとは逆で、小指側から次第に指が開いて、モミジのような手が見られるようになってくることです。

　2か月〜3か月のあかちゃんの手に玩具を触れさせるときは、手指の開きを促すように、手のひら側でなく、指先から指の背の方に触れるようにします。3か月〜4か月になると、触れられた手は開いて、玩具が指先から離れても、少しずつ手がそれを追うようになってきます。そして、やがて自分で玩具をつかむようになります。自分でつかみに来るようになったときは、もうつかませてあげましょう。

　生後4か月を過ぎて、左右にしっかりと玩具が追え、正面でそれ

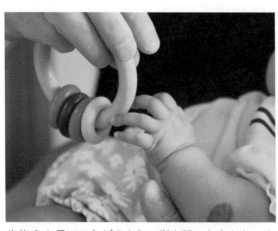

生後3か月でモミジのように指を開いたあかちゃん

を注視できるようになったあかちゃんは、顔の前で円を描いてゆっくり動く玩具も目で追えるようになります。音がするだけで、玩具の方に顔を向けようともします。手は正面を越えて反対側まで玩具を追います。膝にも触れるようになります。

生後4か月にもなると首がすわってきますので、徐々にうつ伏せ姿勢や、身体を起こした抱っこの姿勢でも遊べるようになってきます。仰向き姿勢で玩具をとらせるときは、離れた玩具にしっかりと手を伸ばしてとりにいくようにします。

2 生後4か月～6か月のあやし遊びのポイント

生後4か月を過ぎて手が膝に触れるようになったあかちゃんは、5か月～6か月頃には手で足先をつかんで、見たり、口に入れたりできるようになります。目と足と手、足と手と口といったように、複数の器官の間で運動や感覚の協応性・協調性が生まれてくるのです

ガラガラを使った遊びでは、生後5か月頃になると音を聞いて、目で見て、つかんで、口に入れる……というように、多様な協調性を見せます。このような、手で足を持ったり、口に入れたりする遊びは、あかちゃんが「自分」という固まりをつかんでいくきっかけをつくることになり、感覚の協調性は外界の事物を、深みをもってとらえる力を誕生させていくことになります。

「自分」という固まりがとらえられるようになることで、自分と外界が分化していきます。外界が深くとらえられるようになるこ

ガラガラを口に入れるあかちゃん

とで、外界のさまざまな事物に関心を示すようになって、あかちゃんはますます外の世界に気持ちを向けるようになっていきます。

　このように、生後4か月〜6か月頃というのは自主的な動きの中で、これ以降の発達の基盤ともなる「感覚や運動の協応性・協調性」の基礎が形成されていく時期だといえます。この時期に保育者が先を急ぎ、無理なうつ伏せ姿勢や座位姿勢を長くとらせたり、あかちゃんの手を持って玩具を振らせたりしていると、協応性や協調性はうまく育ちません。また、外に関心が広がる時期に、外からの快いはたらきかけが少なければ、外界に向かう意欲も育ちません。

　生後4か月を過ぎると首がすわって、うつ伏せでの遊びや保育者の膝の上での遊びができるようになってきますが、まだまだ負担が少ない仰向きでの遊びもいっぱい必要な時期です。

① ガラガラ遊び

　生後4か月を過ぎた頃のあかちゃんとガラガラなどで遊ぶときは、まず保育者があかちゃんの胸の前で音を出したり、指先に触れたりして、あかちゃんの視線や手を玩具に誘います。この時、無理に握らせるのではなく、あかちゃんが自分からつかもうとしたらつかませます。

　生後5か月頃になると、触れたり、近づけたりしなくても、あかちゃんは見つけた玩具に手を伸ばして取るようになります。玩具を取ると、振ったり、口に入れたり、両手で触れたりして遊び始めます。

　一方で、玩具はつかめても、放すのはまだうまくいきません。遊んでいるうちに落ちてしまいます。しかし、片手で取った玩具にもう一方の手が触れて遊ぶようになると、遊んでいるうちに玩具を右手から左手へ、左手から右手へ持ち替えるようになり、やがて生後6か月頃には、「つかむ」「放す」が自由になってきます。

② **いないいないばー**

4か月半頃になると、玩具を右手から左手へ、左手から右手へ持ち替えるようになります。この頃になると、2つの玩具を目の前に出されると、視線を右から左へ、左から右へと何度も移しながら、2つの玩具を見返すようになります。外界の事物

あやしかけに反応して声を上げて笑う4カ月半のあかちゃん

がしっかりとらえられるようになったあかちゃんは、見返しなどをとおして事物を見分けることもでき始めてきます。同時に保育者の動作の一つひとつにも意味を感じるようになってきます。初期の人見知りや、場面見知りはこの時期に始まります。

そんな時期のあかちゃんに、顔見知りの保育者が両手で顔を隠し、「いないいないばー」とやると、声をたててよろこびます。そして、もう一度してくれないかと期待して保育者の顔をじっと見ます。胸をくすぐりながら声かけをしたり、顔や手足に触れたりしながら、いっぱい遊んであげてください。

外の世界に大きく関心をもつようになったあかちゃんです。一人寝ているときも、目覚めているときは胸の上で揺れる玩具をみつけたり、玩具に手が伸ばしたりできるように工夫しておいてやりましょう。

3・うつ伏せでのあやし遊び

　あかちゃんは仰向きで手が足に触れるようになると、顔を左右に向けるだけでなく、全身を横向きにすることができるようになります。そして、個人差はありますが、生後5か月前後には寝返りもし始めます。

　4か月過ぎのこの時期に、あかちゃんをうつ伏せ姿勢にすると、両肘で上半身を支えることができるようになってきています。ここまでできるようになったら、うつ伏せでの遊びも徐々に入れていきます。

　この時期から生後8か月頃にかけては、仰臥位に加え、側臥位や腹臥位が、あかちゃんが自由に遊べる活動姿勢になってきます。その活動の比は、4か月ではまだ仰臥位が主ですが、月齢が高くなるにしたがって、腹臥位での遊びが多くなってきます。

　4か月のあかちゃんにうつ伏せ姿勢をとらせるときは、ごく短い時間から始めます。あかちゃんをうつ伏せにするときは、両肘を肩の下に入れ、上腕で上半身を支えるようにします。筋力の弱い子などには、胸の下に小さな枕を入れて補助してやるといいでしょう。うつ伏せの姿勢で遊んでいても、疲れて身体や手足を飛行機のように反らせるようになると、仰向きにもどすか、抱き上げるかしてあげましょう。6か月〜7か月になるまでは、まだうつ伏せで遊びきることはできないのです。

　あかちゃんがうつ伏せになると、前方から声かけをしたり、玩具で頭を上げるように誘います。頭がしばらく上げられるようになると、玩具を左右に動かして目で追わせます。

　5か月頃からは保育者が斜め前方にいて、反対前方に玩具を提示し、玩具と保

うつ伏せ肘支えのあかちゃん

育者の顔が見比べられるようにもしてみましょう。

　さらにうつ伏せ姿勢に余裕がでてくれば、あかちゃんの一方の手の前に玩具を近づけて取りにこさせます。まだ手が伸ばせなくても、床を掻くようなしぐさが見られるようになります。

　うつ伏せ姿勢で振り向きや見返しができるようになると、片方ずつの腕に体重が乗せられるようになり、やがて6か月頃には、一方の腕で体重を支え、もう一方の手を伸ばして玩具を取るようになります。この頃になったら、前方の高い位置で追視を誘うと、肘を伸ばして両手のひらで上半身を支えた腹這い姿勢もとれるようになっています。

うつ伏せ手のひら支えで対象を見るあかちゃん

4 ● 抱っこでのあやし遊び

　生後4か月過ぎから、あかちゃんは抱っこの姿勢にも変化を見せるようになります。寝かせぎみに抱かれていても、目覚めていると自分から身体を起こそうとするようになります。重力に対応して活動することができるようになってきたのです。こうなると、上半身を起こして抱いても、感覚や運動の力は落ちません。かえって広がりをみせるようになります。大人の膝の上での活動も活発になって、身体運動面では次のお座り（座位）に向けての準備も始まります。

　4か月半頃になると、あかちゃんの抱っこは、個人差はありますが多くの場合、体幹から腰を支えてやれば、縦抱きの抱っこでよくなります。保育者の膝に向かい合って座らせ、目と目を合わせてあやしたり、膝で揺すったりすると、あかちゃんは声を出して笑います。顔を近づけると、かわいい手を伸ばしてくるようにもなります。

5か月を過ぎたあかちゃんは複数玩具での遊べるように

　5か月を過ぎたあかちゃんを保育者が抱っこして玩具で遊ばせるときは、保育者の片腕であかちゃんの上半身を立てて抱き、もう一方の手に玩具を持ってあやします。あかちゃんは玩具に手を伸ばして取りにきたり、保育者の顔と玩具を見比べたりします。また、玩具を振ったり、口に入れたり、持ち替えたりします。

　玩具でしっかり遊べるようになってくると、もう1つ玩具を提示してみます。6か月頃になったあかちゃんは、持っていた玩具を放して、新しいものを取りにくるようにもなります。玩具を持って遊びながら保育者にほほえみかけてくるようになるのも、この頃からです。

5・ゆらしのあやし遊び

　あかちゃんの身体を、両脇下に手を入れて抱き上げたり、抱いて上下にゆらしたりするのも、4か月を過ぎてからにします。身体が重力に対応して縦抱きの姿勢や、縦ゆれなどに対応できるようになってくるのが、この頃だからです。こうした力も、生まれて以降少しずつ育ってくるものなのです。

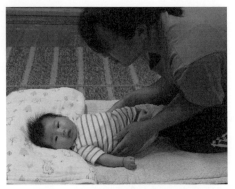

1か月〜2か月児は仰向き寝で軽く腰をゆらす程度

①1か月～2か月児のゆらし

1か月～2か月児のゆらしは、仰向きに寝かせて、顔と顔を見合わせ、話しかけたり、歌いかけたりしながら、軽く腰をゆらす程度にします。抱っこでゆらすときは、全身をガードして腕の中に寝かすように抱き、大人の上半身をゆっくり左右にゆすります。そのとき、あかちゃんの身体に重力刺激が加わらないように、できるだけ上下のゆらしは少なくします。ゆらしでも、あかちゃんに快を感じさせることが第一です。

②2か月半～4か月児のゆらし

2か月半～4か月にかけては、向かい合ったかたちで抱き、目と目を合わせて笑顔や笑い声を引き出しながら、ゆらすのもいいでしょう。このときは、しっかりと腰から脊柱、肩から頭部を保育者の手や膝で支えて、身体が縦に起きすぎたり、顎が上がったりしないように気をつけます。

横抱きに抱いてゆらすときは、保育者の身体を左右にねじりながらゆらしますが、4か月近くになると、軽く重力に逆らう縦のゆらしも少し入れてみます。保育者の両下肢の上に仰向きに寝かせて、膝で軽く上下にゆらしてもいいですが、このときには、あかちゃんの身体が不安定にならないように気をつけます。

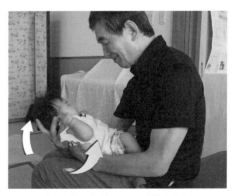

向き合った抱っこで横ゆらし

③4か月以降のゆらし

4か月を過ぎて首がすわり、横抱きにしていても自分から身体を起こすようになると、少しずついろいろなゆらしが楽しめる

第1章 ●乳児期前半のあかちゃんと育児　47

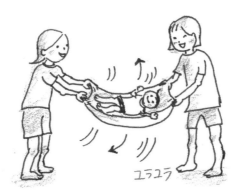

タオルブランコ　左右にやさしくゆする

ようになってきます。

　その子の首のすわりや、腰のすわりの状態を見ながらですが、9か月〜10か月頃には、「たかいたかい」なども大好きになるように、膝の上でのゆらしや抱っこでのゆらしをいっぱいしてやります。

　6か月後半になると、タオルぶらんこなどでゆっくりゆらしてやるのもいいでしょう。生後11か月を過ぎて、立ち直り運動が育ってきたら、ゆっくりと布団の上に仰向けに着地させるなど、遊びを発展させることもできますが、それはまだ先の話です。6か月児の揺らしは身体の位置や関節の動きなどを感じる感覚への刺激なので、滑らかにゆっくり揺らすだけにします。

　ゆらし遊びでも、笑い声がでたり、やめるとむずかったり、期待をして待ったり……といったあかちゃんの心の動きを保育者がしっかりととらえ、それに応えていくことが大切です。どんな遊びでもそれが訓練的なものになってはいけません。

③ 乳児期前半の育児あれこれ

　ここまで、乳児期前半のあかちゃんの生活や遊びで大切にしたいことを見てきました。本節では、そのほかにも、この時期のあかちゃんの育児に関して知っておきたいこと、大切にしていきたいことをいくつか述べていきます。

1 ● 身体の鍛錬、マッサージ

① マッサージ

　朝の着替えのときなどに、身体の鍛錬をかねて、軽くマッサージをするといいでしょう。マッサージは、全身の血行や新陳代謝をよくするとともに、スキンシップの面でも効果的です。生後2週間程度経過して、あかちゃんが生活に慣れてきたころから、少しずつ始めます。最初は上下肢を軽くなでる程度のマッサージから始めて、お腹や胸のマッサージは1か月を過ぎてからにします。

　マッサージは、1日に2〜3回、軽くさする程度で十分です。余分な刺激はかえってあかちゃんの身体を疲労させてしまうので注意してください。

〈マッサージの方法〉

　朝の着替えや、おむつ替えなどであかちゃんが裸になったタイミングを見つけて、保育者の温かい手で行います
① 左右の足の前外側からお尻にかけて数回ずつ軽くなでます。
② 左右の上肢の後外側を、数回ずつ軽くなでます。

③ 左右の胸を肩からお腹に向けて軽く撫で下ろした後、お臍を中心に「の」の字を描くように、お腹を数回なでます。
④ マッサージが終わって服を着ると、保育者の胸に抱き上げ、気持ちよさを共感し合います。

　乳児期前半のあかちゃんのマッサージで注意しなければいけないのは、曲げている上肢や下肢を無理に伸ばそうとしたり、上下肢の屈筋群（下肢の後内側、上肢の前内側の筋肉）や、背部の筋肉群に余分な刺激を加えないことです。こちらの筋肉群への刺激は、全身の緊張を高めます。

　あかちゃんの上肢や下肢を伸展させたいときは、曲がっている肘関節や膝関節を保育者の手でさらに軽く曲げます。すると、曲がっている上肢や下肢は保育者がそれほど力を入れなくても滑らかに伸びます。

② 日光浴

　空気浴や日光浴は生後3週過ぎぐらいからできるようになりますが、急にたくさんやろうとするのでなく、少しずつやり始めます。

　日光浴はガラス越しのごく弱い光線や、朝夕のやわらかい光を、1日5分程度浴びるところから始めます。

　1か月健診の後は、戸外にも出てみます。最初はベランダや、庭先に5〜10分ほど出ると

乳児期前半の散歩は暑い時間や寒い時間を避けて短時間で

ころから始めますが、あかちゃんの身体が外気に慣れてくると、徐々に外での時間を長くして、近所の公園などへも散歩に出かけてみます。それでも、乳児期前半の散歩は、30分ほどもやれば充分です。

　戸外に出るときは強い直射日光を避けます。まだ体温調節の機能も弱いので、蒸し暑さや厳しい寒さも避けます。春夏秋冬、それぞれ気持ちのいい時間帯を選んで出かけます。

　6か月頃までのあかちゃんの散歩は抱っこを原則にして、ベビーカーなどの使用は早くても4か月過ぎからにします。ベビーカーを使うときは、あかちゃんに騒音や振動が伝わらないように、なるべく静かで平坦な道を選びます。

③ お風呂でのかけ水（かけ湯）

　お風呂上がりのかけ水も、あかちゃんの身体の鍛錬になります。かけ水は、やるとすれば2か月を過ぎてからにします。やり方は、お風呂から上がる際に、腰から下の下半身にかけ水をかけてやります。

　お風呂の湯と、かけ水との温度差は、5度ぐらいから始めます。4か月半を過ぎて外界に対応する力が広がってくると、温度差を次第に15度ほどにしていきます。15度もあれば、かけ水の効能は充分なのです。

　たとえ鍛錬であっても、あかちゃんが周りの人たちに関わってもらって、「気持ちがいい」と感じられることが第一だということを忘れないでください。

2 • 首のすわり

　あかちゃんの首のすわりは、うつ伏せにしたり、身体を立てて訓練をすることですわってくるものではありません。前節でも述べた通り、あかちゃんが玩具などを目で追い、首を左右に動かすようになり、手足の非対称的な動きや姿勢が見られる

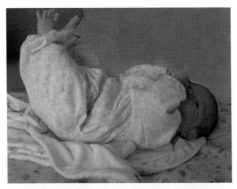

手や足を身体の前に上げるなどの日頃の動きの中で自然と首がすわる

ようになって、やがて手と手、足と足が身体の前で合うようになる。そんな生後1か月〜3か月にかけての自然な発達の過程を経て、徐々に首はすわってくるのです。

身体の前に両手両足を上げたり、下ろしたりする動きは、それと連動して首の周りの筋肉群や体幹の周りの筋肉群も自然に育てます。ですから、健康なあかちゃんであれば大人がわざわざうつ伏せ姿勢などをとらせなくても、首はすわってきます。保育者は、「早く首がすわるように」と、早期からあかちゃんの負担になるうつ伏せ姿勢や、立て抱き姿勢などを長くとらせ

ワンポイントアドバイス
―心配なら、2か月半を目安に一度専門家に相談を―

　あかちゃんの中には、生まれつき筋肉が弱かったり、病気や障害をもっている子がいます。そうした子どもたちの発達援助には、専門家のアドバイスや指導が必要です。現在は、子どもの生まれつきの病気や障害については、胎児検診や新生児検診、1か月検診などでほとんどがチェックされますが、中には稀に検診で見落とされるものもあります。

　2か月半を過ぎても玩具を追う力が弱かったり、手が前に出てこなかったりして、お母さんなどの主保育者が心配になるようでしたら、もう一度専門家に診てもらってください。

る必要はないのです。それよりも、1か月には1か月の発達が充実し、2か月には2か月の発達が充実するように、その時期その時期に必要なはたらきかけをしていくことが大切です（本章第2節2の「追視と運動」参照）。首がすわってくるのは生後3か月過ぎからです。

3・寝返り

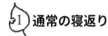通常の寝返り

通常の寝返りが完成するまでの成長の過程を簡単に追ってみましょう。

〈生まれてから寝返りができるようになるまでの発達の流れ〉
① 生後2週間ほどで玩具が動くと瞳眼が動くようになる
② 1か月ほどで、瞳眼が動くと反射的にその方向に顔も動くようになる。顔が動くと、身体に左右非対称的な姿勢や動きが現れる
③ 2か月半を過ぎて、左右への追視が自由になると、顔を正面で保って対照的な姿勢をとることもでき始める
④ 4か月を過ぎて玩具を追う範囲が拡大し、側方の玩具をとらえようとして、強くそちらに顔を向けると、非対称的な動きに助けられて、あかちゃんは玩具に向かって寝返っていく

ここまでくると、あかちゃんの寝返りは完成です。

おおよその目安としては、あかちゃんが玩具などを追って意識的に寝返り始めるのは、5か月頃からです。

通常の寝返り

②緊張性の寝返り

　あかちゃんの中には、①の成長の過程を踏まずに、生後３か月くらいで寝返ってしまう子もいます。

　仰向きに寝て機嫌よく手足を持ち上げて動かしているときや、不機嫌になって全身に力を入れて突っ張ったときなどに、その勢いで首から上半身にかけてか、下半身が捻じれると、それに誘導されて残った半身も回転していくような寝返りです。これは意識的な寝返りでなく、反射的な寝返り（緊張性の寝返り）です。

　こうした寝返りでうつ伏せ姿勢になっても、腕で上半身を支えることはできません。あかちゃんは身体を反らせて飛行機のような姿勢になってしまいます。こんな寝返りや腹這い姿勢は、あかちゃんの身体の緊張を過度に高めてしまいます。こんな寝返りをしたときは、寝返った身体は戻してやり、顎を引くように寝かせ直してやります。そして、仰向きでの遊びをたくさんしてやります。

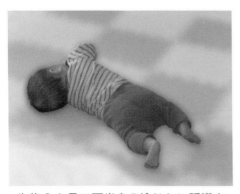

生後３か月で下半身の捻じれに誘導されて引き起こされる緊張性の寝返り

コラム
寝返りのメカニズム

　身体運動のメカニズムを簡単にいうと、「何かをしたい」という思い（意図）が生じたとき、大脳の運動野が必要な命令を発し、そのインパルスが神経伝達路を通して筋肉に伝えられ、運動が起こります。

　しかし、生まれて間もないあかちゃんには、まだ「何かをしたい」という思いや意図はありません。大脳からの指令は認められないのに、生後1～2週間も経つと、あかちゃんはよく動きます。こうした新生児の運動は大脳からの命令によるものでなく、脳幹以下の神経、すなわち延髄や脊髄レベルの神経反射によるものです。こうした脳幹以下の神経反射のうち、特に姿勢や身体運動に関係する反射を「原始姿勢反射」や「緊張性姿勢反射」といったりします。生まれたばかりのあかちゃんは、こうした反射があるお陰で運動が促進され、必要な筋緊張を整えていくことができるのです。

　ところが、こうした原始反射も、いつまでも残ると逆に正常発達を妨げてしまいます。これらの反射による運動は、生まれて以降に外界との出会いや遊びを通して、感覚や意識、他の動きなどと統合されながら、より高次な運動へと姿を変えていきます。脳幹以下の神経反射で動いていた生まれたばかりのあかちゃんも、その一つひとつの動きが互いに協応・協調し合ったり、視る、聴く、体位の変化を感じるなどといった感覚と協応・協調し合っていく中で、反射的な動きが方向性を帯びた動きへ、目的性を帯びた動きへと変わってくるのです。

　つまり、原始的な反射で無意識的に動いていたあかちゃんも、あやしかけや玩具での遊びなどを通して、中脳や大脳が関与した意識的な動きに発達して、寝返りができるようになってくるのです。

4 ● 向き癖

　あかちゃんの中には向き癖の強い子がいて、頭の一部が扁平になっている子がいます。しかし、向き癖や出産時にできた頭の形は、頭が大きくなるに従って2歳頃までには分からなくなってくるので、それほど心配することはありません。
頭の形より、向き癖で気をつけなければいけないのは、原始反射の非対称性緊張性頸反射などの影響を受けて、身体の運動筋群などに緊張の左右差ができてくることです。左右差ができると、寝返りの時期に一方向にしか寝返らなかったり、幼少年期に側彎をつくりだす要因になったりします。

　玩具などであやしかけるときに、右をよく向く子は左へのはたらきかけを強め、左をよく向く子は右へのはたらきかけを強めます。添い寝などのときは、顔の向きと反対側に保育者が寝ます。

　向き癖が強く、玩具などでの遊びのときも、なかなか反対側で顔が保持できない子は、顔がよく向く方の上半身を、少し高くしてみてください。顔は反対側を向きやすくなります。タオルの丸めたものなどを頭の下に入れて向きを調節するのもいいですが、このときは余り無理にならないように気をつけてください。

5 ● お座りの姿勢

　個人差はありますが、あかちゃんは3か月〜4か月にかけて首がすわり、5か月〜6か月にかけて腰がすわってきます。腰がすわってくると、少しずつお座りの姿勢がとれるようになってきます。遊びも身体を起こした遊びが好きになります。

　しかし、腰がすわってきたからといって、（障害をもった加齢児は別にして）この時期から座位保持椅子などでお座りの練習をさせる必要はありません。意図的に補助に頼ったお座りの姿勢をとらせていると、その後の育ちで腕を使って這うことを

嫌ったりするようになります。また、まだ骨格や筋肉が十分に育っていないこの時期から長くお座りをさせるのは、背骨の湾曲をまねくこともあります。

　一方で、「この時期からお座りを多くさせて上肢を解放すれば、手の活動を活発にして、目と手の協応性なども高まる」という人もいます。しかし、手の発達はそれ独自でなされてくるものではありません。臥位姿勢の遊びで重力に逆らって腕を動かし、肘や手のひらで体を支え……といった、体幹から腕にかけての育ちとともに発達してくるものなのです。また、4か月〜6か月児は、自分自身で手足や指先、首、体幹などが自由に動かせる臥位姿勢の遊びの中でこそ、これからの運動発達の基礎になる協応動作や協調運動を無理なく獲得していけるのです。

　お座りは、乳児期後半になって、腹這い移動から四つ這いに移行する頃に、自然と自分の力でとれるようになってきます。この時期が近づく8か月頃までは、大人の膝の上での遊びはしても、保持椅子などはあまり用いないようにしましょう。

ワンポイントアドバイス
―向き癖？　それとも形成異常？―

　向き癖などで生じた頭の形はそれほど心配いらないのですが、中には生まれつきの奇形や形成不全などで、形が異常だったり、大きさが異常だったりする子がいます。また、産道を通過するときなどに強く圧迫されて、血腫を伴っているものなどもあります。

　これらの異常は、出産後の検診でほとんどチェックされて、医師から指導を受けますが、指導を受けなかったもので気になるものがあれば、もう一度専門家に診てもらっておきましょう。

6 ● 車での移動

　生後1か月を過ぎ、あかちゃんの身体が少ししっかりして、家の人たちも介助に慣れてくると、ついつい大人の都合であかちゃんを車に乗せて出かけがちになります。保育園の送迎や、上の兄弟の都合など、仕方のない場合もあるでしょう。しかし、生後4か月を過ぎるまであかちゃんを車に乗せるのは、必要最小限にします。

　いろんな姿勢や刺激に対応する力ができてくれば、少しぐらい車に乗ってもよくなります。それでも車に乗るのは休憩を含めて、1日1〜2時間を限度にします。それ以上になると疲れてしまいます。

　さて、4か月を過ぎて首がすわってくると、いつからチャイルドシートを立てるのかという質問もよく受けます。少し起こしぎみにするのはいいですが、身体を立てて座らせるのは自分だけで座位が取れるようになる9か月頃からです。それでも、車で移動となると、身体を起こして座らせておくのは数分で、1歳を過ぎるまではできるだけ背もたれに寝かせるようにして乗せます。首がすわったからといってあまり早くすわらせると、背骨に無理な力が加わってしまうからです。

4か月頃までは、チャイルドシートの背もたれはできるだけ水平に。5か月を過ぎると少し起こし気味に

　電車や飛行機などでの旅行も、車と同様です。子どもが小さい間の遠出は、極力避けます。不特定多数の人たちが乗り合わせる乗り物で、抵抗力のないあかちゃんが移動するときは、感染症などにも気をつけなければなりません。

年の瀬が迫ったある日、3か月のあかちゃんを抱いたお母さんにこんなことを尋ねられました。「お正月の期間にあかちゃんを連れて、埼玉から岐阜にある夫の実家へ帰りたい。車で移動してもいいでしょうか」と。夫婦にとって初めてのその子は、夫側のご両親にとっては初孫であるとのことでした。おじいさんとおばあさんになる方の気持ちや、待ちわびる親戚の人たちのことを考えると、「いっていらっしゃい」と言ってあげたいところでした。しかし、話をよく聞くと、実家まではどんなに順調にいっても、高速道路を使って6時間はかかるということでした。まだ首がすわっていず、さまざまな刺激に対して対応する力も弱いあかちゃんを、長時間大きな揺れや、騒音にさらすと、あかちゃんは疲れて熱をだしてしまうことがあります。それにこのあかちゃんは体重の増えも少ない子でした。「もう少し月齢が高くなるのを待って、春のいい季節に途中で休憩もとりながら帰ったほうがよいのではないか」と勧めざるをえませんでした。そして、どうしてもつれて帰らなければいけない事情であれば、次のようなことに気をつけるようにとつけ加えました。

コラム
あかちゃんを連れた帰省の際の注意点

- 行き帰りは、できるだけ短距離で、高低差やカーブの少ない道を選ぶこと。
- チャイルドシートは車の振動が伝わりにくいものを使ってできるだけ水平に倒し、あかちゃんが仰向きの姿勢で寝られるようにすること。
- 1時間半〜2時間も走ると、しばらく休憩をとっておむつ替えや哺乳をし、チャイルドシートから外して、少しの時間でも抱いてやること。
- 長いトンネルに入ったり、高所を昇降したりするときは、耳腔などの気圧を調節するために、乳首やオシャブリを口に入れてやること。
- 冷暖房の車内は、脱水症状が起きやすいので、水分補給に気をつけること。
- 数時間も乗り物に乗ると、その日と次の日ぐらいは静かなところで休ませ、たくさんの人と交わるのはその後にすること。
- 旅行中に、睡眠や覚醒のリズムをくるわせないこと。

第2章 乳児期後半のあかちゃんと育児

乳児期前半の育ちで、外界の物事に関心を向けるようになった
あかちゃんは、乳児期後半になると、その中に意味を見つけるようになり、
それにはたらきかけたり、自分のものにしていこうとしたりするようになります。
手を出します。喃語を発します。模倣をするようになります。
離れたものに関わろうと寝返りや腹這い、四つ這いを始めます。
そして10か月半過ぎには、自分の方からも意味を発信するようになり、
自我を誕生させて、幼児期へとすすんでいきます。

1 離乳食と睡眠

　昔から、子どもが健やかに育つためには、よく食べ、よく寝、よく遊ぶことが大切だといわれてきました。乳児期後半になると、栄養のとり方はおっぱいから離乳食へ、大人をとおして飲んだり、食べたりすることから、自分の手で食べることへと、変化してきます。

　「食べることは生きること」だともいいますから、この章ではまず、食べることに向かって自立の一歩を踏み出していく乳児期後半のあかちゃんへの援助のあり方から見ていってみます。

　また、この時期から寝つきが悪い、夜泣きが始まるなどの、睡眠に課題をもつあかちゃんが多く見られるようになってきます。改めて生活習慣を見直すとともに、あかちゃんの睡眠の問題についても考えていってみることにします。

1・離乳食

1 嚥下、咀嚼

　乳児期後半のあかちゃんの嚥下（飲み込み）や咀嚼（噛みくだき）の力は、表4のように、全身の運動発達とも深く関わっています。

表4　運動発達と嚥下・咀嚼の関係

月齢	筋力	嚥下・咀嚼能力
4か月半頃〜	●両肘で上半身を支えてうつ伏せ姿勢がとれるようになる	●舌の上に乗せられた水分などの嚥下がうまくなってくる
5か月頃〜	●うつ伏せが安定してくる	●重湯などを口に入れても誤嚥でせき込むことが少なくなるが、奥におくり込む動作はまだ下手で、舌の先に乗せられると半分以上口からこぼれてしまう ●柔らかい材質のスプーンを使って、できるだけ舌の中央に入れるようにする
6か月頃〜	●床から両肘を浮かして手のひらで支えたうつ伏せ姿勢がとれるようになる	●舌の先に柔らかいお粥を乗せても、うまく口の奥におくり込むことができるようになってくる
8か月〜9か月頃	●腹這いや四つ這いをするようになる	●咀嚼が始まる ●あかちゃんの歯が生え始めるのもこの頃からだが、歯が生える時期にはずいぶん個人差があり、4〜5か月で生え始める子もいれば、1歳を過ぎないと生えない子もいる
10か月〜11か月頃	●四つ這いがしっかりできてくる	●歯がなくても歯茎で噛むようになる ●この頃から本格的な離乳食に向かうが、歯のない子は上下に3〜4本生えてくるまでは、少し柔らかめの離乳食にする

　なお、9か月で歯が一本も見えていないからといって心配することはありません。歯が早く生えたからよく噛めるとか、遅いから噛めないということはありません。

② 断乳

　生後10か月を過ぎ、こぼしながらでも自分で食事がとれるようになってきたあか

ちゃんは、1歳頃を目安におっぱいを離していくようにします。

　私たちの社会の食糧事情が今日ほど豊かでなかった時代は、1歳を過ぎても母乳で栄養をとらなければ子どもを育てていけない時代もありました。しかし、現在の我が国では1歳近くになると、母乳やミルクでなくても、離乳食で十分に栄養がと

ワンポイントアドバイス
―「食べる意欲」という成長の芽を摘まないで―

　あかちゃんは10か月を過ぎた頃から離乳食のとり方が変わってきます。それまでは保育者がスプーンに食べ物を入れて、「アーン」というと口を開いていたあかちゃんが、10か月半頃になると自分でスプーンをとりにきて、食べようとし始めます。保育者があかちゃんの手を払い除けて食べさせようとすると、あかちゃんは口を閉じて抵抗します。パン切れなどは、自分で器からとって食べます。保育者が無理に口に入れると、一度口から出して、自分の手で入れ直すこともあるほどです。

　これは、あかちゃんに「自分で……」という自我が生まれてきて、食事も自分でとろうとし始めた成長の証です。もちろん、スプーンはまだ自由に使えないし、手づかみで食べても胃の中に入るよりこぼす方が多いほどです。しかし、自我が生まれて、保育者の全面的な介助から自立しようとしているこの時期に、「こぼすからダメ」「汚すから、いけません」ということで、あかちゃんがしようとしていることを制限して、大人がいつまでも介助するのは、発達にとって良いことではありません。いたずらをしているかのように見えるこの時期の手づかみでの食べ散らかしは、自立への一歩なのです。

手づかみ食べで意欲を見せるあかちゃん

れます。この月齢には、母乳の免疫的効果もあまり期待できません。かえってさまざまな種類の食物をとることで、消化・吸収機能をはじめ、免疫などの多様な生理機能が育っていきます。身体的にも母親から自立しはじめるわけです。

　断乳後、離乳食だけでは満腹にならないようでしたら、最後にミルクなどで補ってもいいでしょう。その場合も、断乳後のミルクは哺乳瓶ではなくコップで飲ませます。1歳になると、コップを両手に持たせると自分で飲むようになっています。

　もちろん、断乳の時期はすべての子が一様でなく、身体に弱さや病気などがある子は、専門家と一緒にその時期や内容を考えていきます。

3　自分で食べる

　10か月半を過ぎ、食べ物を自分でつかんで食べようとするようになると、食事は徐々に自分で食べるようにしていきます。その際は、以下のようなことを大切にします。

① 手づかみ食べができるように食事の環境を整える

　食事のときは床に新聞紙などを敷いて、あかちゃんがこぼしても大人が気にならないようにし、保育者もあかちゃんの前で一緒にご飯を食べるようにします。

② スプーンも添えておく

　乳児期後半のあかちゃんは主に手づかみで食べますが、お茶碗にはスプーンも添えておきます。スプーンはすぐに落としたり、投げたりしてしまいます。落としたものは拾い上げてやる必要はありませんが、10か月半を過ぎると手の延長上に道具を使う機能も芽吹き始めてきているのです。保育者が食べ物の入ったスプーンを差

スプーンを持ちながら手づかみ食べをするあかちゃん

し出すと、9か月児は食べ物に手を出します。しかし、10か月半頃からは、スプーンの柄をとりにきて自分でスプーンを持って食べ物を口に入れます。

　スプーンで遊びながら食べたり、手づかみで食べたりしながら、あかちゃんは食べる力を広げていくのです。そして、1歳半頃には、スプーンも使えるようになってきます。

③ 自分で食べきれない分は後で補助をする

　あかちゃんが食器のものを食べて、遊びが多くなってきた頃に、あかちゃんの食べた量を見てみましょう。あまり食べ物がお腹に入っていないようでしたら、最後に保育者が2～3分で食べさせてやります。それでもまだ足りなさそうにしたら、ミルクなどでお腹を満たします。

④ 食卓をきれいにする

　あかちゃんは食器に載っているものだけでなく、食卓にこぼしたものでも食べます。まだ食卓全体が食器なのです。あかちゃんが食事をするときは手だけでなく、食卓もきれいにして、こぼれ出たものでも食べられるようにしてやります。「それは汚いからダメ」「こちらを食べるの」などと、制限や指示が多くなってしまうと、あかちゃんは食事への意欲を失っていきます。これでは、せっか

ワンポイントアドバイス
― 6か月頃から手づかみ食べの準備を ―

　10か月半頃から次第に自分で食べるようにしますが、6か月頃でもあかちゃんは手に持ったものを口に入れます。腹這い移動ができるようになった7か月頃からは、食べても危険でない硬めの野菜スティックなどを持たせてみてください。

　その場合は、ときには嚙み切って固まりを口に入れることがありますから、必ず大人が見ていて、固まりが口に入ったらとり除くようにしてください。

く芽を出してきている「自分で」という自立への芽も摘み取っていってしまうことになります。

あかちゃんにとって、食事は一番意欲が出せる活動の場です。意欲や手の操作性を育てていくうえでも、人間関係など社会性の基礎を培っていくうえでも、食事は大切な場です。食事マナーなどのしつけは、物事を理解できるようになる幼児期後半以降からで十分です。

2 • 乳児期後半に見られる睡眠の問題

1 日課と睡眠

乳児期後半になると、あかちゃんは夜間にほとんど目を覚まさなくなります。おむつが濡れたり、お腹がすいたりして目を覚ましても、おむつを替え、乳首を含ませると、またすぐ目を閉じます。

しかし、病気などがあるとなかなか寝つけないし、寝てもすぐ目を覚ましたりします。病気でなくても、家に大勢のお客さんがきた、長距離を車で走った、などのあかちゃんの神経を興奮させるような環境があった日は、夜間になかなか眠れないこともあります。

この時期のあかちゃんにこれといった病気や思い当たる出来事がないのに、寝つきが悪い、寝てもすぐに目を覚ます、夜泣をするなどの問題がある場合は、以下の点に注意して環境を整えてみてください。

①夜8時までに寝かせる

「なかなか寝ないから、早く寝かせてもダメ」と思わないで、あかちゃんはなるべく夜8時までに寝かせてください。あかちゃんには地球の自転のリズムなどと関わって、眠りに入りやすい時間帯があります。大人のライフスタイルの都合でその寝入りやすい時間帯を逃してしまうと、まだ自分で調節する力が弱い

表5　乳児期後半の午前睡と昼寝

月齢	午前睡	お昼寝（午後睡）
6か月前後	30分～1時間	● 1時間半～2時間半
10か月頃～	午前睡が徐々になくなる	● お昼前から2時間ほどのお昼寝 ● 3時間近く寝る子もいるが、少し熱がある、前の日に遠出をして疲れているなどの原因が見当たらないのに3時間以上寝る場合は起こしてやる

あかちゃんは、夜の眠りに入りにくくなってしまいます。

②朝は遅くても6時前には起きる

　朝は家事や身支度で忙しくても、6時前にはあかちゃんを起こします。起こしたら雨戸やカーテンを開け、朝の光が入る部屋で、少し冷たい空気に触れて遊びます。夏季は朝、目覚めと同時に戸外に出て遊んでもいいでしょう。外がまだ暗い冬季は、部屋の中に明るい電灯をつけて遊びます。

　私たちの身体の体内時計は、朝明るい光を受けることで、地球の一日のリズムに身体のリズムを合わせます。また、朝に意識して活動することで、はっきりと目覚めをつくり、日中に活動しやすくします。身体のリズムが整ったり、日中によく活動したりすると、夜は眠りやすくなります。

③日中の生活にメリハリをつける

　日中の活動では、まず、朝起きてから10時半頃までの活動が大切です。大人にとって朝の時間帯は忙しく、ついついあかちゃんを寝かせたままにしたり、テレビに子守りをさせたりしがちになります。しかしあかちゃんにとってこの時間帯は目覚めをつくり、心身ともに活動の体勢に入っていく時間帯なのです。母親が朝食の準備をしている家庭でしたら、その間は父親があかちゃんと身体をつかって遊びます。家のかたづけや洗濯は、あかちゃんがお昼寝をしたときにします。離乳食はみんなが朝食を食べているときに一緒にとって、10時半頃ま

では、明るい部屋や、戸外でできるだけ遊ぶようにします。

昼寝が長すぎる場合は、午前中の遊びが充実していなかったのかもしれません。午前中の過ごし方を見直してみましょう。また、午睡後もしっかり遊びます。夕方の柔らかい夕陽の中で遊ぶのもいいでしょう。

④あかちゃんを騒音や電子的な刺激から離す

あかちゃんを頻繁に車に乗せたり、スーパーなどの雑踏に連れていったりしないようにします。家でも、以下の電子機器や電磁波からは、意識して離します。

- テレビ
- CD
- パソコン
- スマートフォン
- 強い光や機械音がでる玩具などの電子的な光や音

長時間、車や雑踏の中にいると、まだ抵抗力のないあかちゃんの身体は疲れたり、興奮したりしてしまいます。熱を出してしまうこともあります。あかちゃんを家庭で保育している期間は、買い物なども家の近くで手短にすませ、日中はできるだけゆったりとあかちゃんに関わるようにします。

⑤暗い部屋で寝かせる

夜、あかちゃんを寝かせるときは、カーテンを閉めて部屋を暗くします。あかちゃんが寝たからといって、寝ている部屋に電灯をつけたり、テレビの音を流したりするのはよくありません。わずかな刺激でも、それが毎日重なると、生態には大きな刺激となるのです。

眠れないあかちゃんへの対応については、第1章第1節4の 35 にも記してあります。布団に置くと泣いてしまう子などへの対応については、その項を参考にしてください。

あかちゃんの中には、恒常化した異常な緊張がある子、病気や障害が隠れている子、発達にもつれが生じている子などもいます。生活の面で前述のようなことに気をつ

けてみても、なお眠れないときは、専門家に相談してください。

 夜泣き

　乳児期後半〜1歳半過ぎにかけての睡眠の問題に、夜泣きがあります。いったん眠りについても、夜間に突然激しく泣きだします。おっぱいを飲ませても、あやしてもなかなか泣き止みません。こんな夜が1か月、2か月と続くと、お母さんやお父さんは疲れてしまいます。

　夜泣きの原因はまだよく分かっていませんが、次のようなことがいわれています。

① 生体のリズムの未発達

　夜寝て昼活動するという日々の規則正しい生活リズムが保障されていると、あかちゃんの睡眠は生後4か月頃までに次第に夜に固まってきます。しかし、夜寝る時間が遅くなったり、朝いつまでも寝かされていたりすると、生体のリズムは育ちにくく、夜も昼間のような心身の状態になって、夜泣きになると考えられています。したがって、夜泣きがある子については、もう一度生活リズムの点検をしましょう。

② 脳の機能の未発達

　脳は日中に経験した情報や記憶を、眠っている間に整理しています。あかちゃんの脳はまだ未発達のため、その整理の途上で記憶から怖い夢を見てしまったり、整理しきれなくて覚醒してしまったりしたときなどに、夜泣きをすると考えられています。とりわけ、10か月を過ぎた頃からあかちゃんはもの事を客観的にとらえる力や、記憶する力が膨らんできます。この頃に転居などで大きく環境が変わったり、嫌なことに出会ったりすると、夜に突然泣き出すことがあります。

　転居など、家族関係などに大きな変化が生じるような事情ができたときは、あかちゃんに不安を与えないように、保育者がしっかりと寄りそっていてやる必

要があります。また、あかちゃんに強いストレスを与えるようなことをさせたり、ストレスを与えるような場所に連れて行ったりすることも避けます。

脳の機能の未発達でいうと、起きて活動したいというあかちゃんの本能を司る大脳辺縁系の発達に対し、それをコントロールする理性を司る前頭葉の発達が遅いために、夜の睡眠中にも本能的な欲求が優位になって、夜泣きをするとも考えられてきています。あかちゃんを興奮させてしまうようなことをするのも、夜泣きの引き金となります。

コラム 日中の遊びの眠りへの効用

　日中にたくさん日光を浴び、身体を動かして遊ぶことで夜にぐっすり眠ることができるようになります。これは疲れたからということだけでなく、セロトニンとメラトニンという脳内ホルモンが深く関係します。

　セロトニンは精神を安定させる主に昼間のホルモンで、メラトニンを生成する材料です。メラトニンは催眠作用をもつ夜のホルモンです。日中に日光を浴びたり、身体を動かして遊んだりすることで、セロトニンの分泌が促され、安定した日中を送ることができ、セロトニンが増えることで、夜間のメラトニンも増えて、夜間に良質な睡眠が得られるようになるのです。

　夜泣きが続くと、保育者が疲れて、どうしても朝が遅くなります。戸外であかちゃんと遊ぶのも億劫になります。そんなときは、一度朝5時過ぎには起きてカーテンを開けます。冬季には電灯で部屋を明るくします。そして、午前中に窓を開けて日の光を浴びる時間をつくるなどして、無理のないところから、是非、日の光を浴びた遊びを始めてみてください。夏季は強い直射日光は避け、明るい縁側や木陰の下で遊びます。

② 寝返りからつたい歩きまで

　乳児期前半を通して外界に関心をもち、自ら外界に関わるようになったあかちゃんは、乳児期後半になっての大事な発達に、「目標に向かって身体を動かす移動運動」があります。「寝返り」「腹這い」「お座り」「四つ這い」「つかまり立ち」「つたい歩き」などです。

　ここでは、乳児期後期のあかちゃんが獲得していく移動運動について、順を追って見ていきます。それぞれの運動の発現時期について目安となる月齢が書いてありますが、発達には個人差があります。胎児期の育ちや乳児期前半期の育ちによって変わりますし、その子がもって生まれた筋肉の性質などによっても変わります。ですから、発現の時期はあくまでも参考にしてください。「何か月なのにまだハイハイしない。どうしよう」というように月齢を気にするより、大切なのは今できている運動が十分にやれているかどうかです。

1・寝返り

1 寝返り

　乳児期後半で、最初の移動運動は寝返りです。

　あかちゃんが寝返りをしはじめるのは、5か月〜6か月初めにかけてです。それ以前にも寝返ることがありますが、それは目標に向かって意識的に寝返るというより、「全身を動かして遊んでいるうちに、寝返ってしまった」というものです。それが、5か月頃を境に外界を意識した寝返りに変わってきます。

6か月頃になると、玩具を見つけて、それをとりにいこうとして寝返るなど、目的をもった移動手段としての寝返りになってきます。

　6か月頃になっても、仰向き姿勢から全身を反らせて突っ張るような寝返りをしたり、片方だけの寝返りしかしない子は、腹這いの時期に上下肢の交互運動が出なくなることがあり、寝返りや腹這い、四つ這いの弱さは、幼児期以降の発達にも影響します。子どもによっては歩くのは早かったがよく転ぶ、もの事に集中しにくいなどといった問題を呈するようになる子もいます。

　寝返りは、なるべく右にも、左にも同じようにできるようにしましょう。乳児期前半の向き癖が強い子は、片方の寝返りを苦手にすることがあります。よく右向きに寝る子は、6か月以降も大人が左に寝たり、左からの関わりを多くするなどの工夫をしましょう。

　ただし、保育者が寝返りを誘うときは、訓練的にならないように気をつけてください。また、生まれて以降、あまりにも身体が硬い、よく反って突っ張る、7か月を過ぎても寝返らない、などのときは、早めに専門家に相談してください。

② 寝返りを誘う

　乳児期前半の発達を経て6か月を過ぎたのになかなか寝返りをしない子には、遊びの中で寝返りを誘ってみましょう。特に、玩具を目で追っても、身体に反りなどがあって手や足が上がってこない子には、次のような工夫をしてみます。

① 仰向きから横向きへの介助

　左に寝返りを誘うときは、介助する保育者はあかちゃんの足元に座り、右手に玩具を持って、あかちゃんの視線や右手を寝返る方向（左）に誘いながら、左手のひらであかちゃんの右背部を少しずつ浮かしてやります。すると、あかちゃんの右手が玩具を追いやすくなり、右足も上がってきます。このとき、あかちゃんの背部を支えている保育者の左手の親指を、あかちゃんの胸の方に回し、右

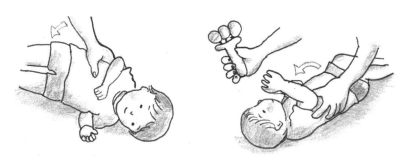

左手であかちゃんの右背部を少し浮かせる

　乳頭下2cmほどのところを軽く押さえてやると、より手足は上がりやすくなります。
　玩具を追うあかちゃんの視線や右手が身体の正面を超えて反対側（左）にいくと、あかちゃんの身体は横向きになります。

② 横向きからうつ伏せへの介助

　次に、横向きになったあかちゃんをうつ伏せに寝返らせるには、乳頭下を押さえていた親指を放し、あかちゃんの上になった肩甲骨の下部（先ほどの乳頭下の後ろ）辺りに小指から人差指の指腹を当て、今度は少し強めに下向きに押さえます。下になっているあかちゃんの腕は軽く前方に出してもいいですが、肩より高くバンザイをさせるようにしてはいけません。あかちゃんは下向きに押される力に反発するように、頭を上げながら下になった腕を突っ張って身体を回転させていきます。上になっていた右の下肢は軽く蹴るように伸展します。
　寝返ってうつ伏せになったら、誘った方の手の前に玩具を置いてとらせてやります。
　このように、保育者が介助して寝返りを助けるのは、6か月以降にしてください。それまではできるだけ自分から寝返るように、乳児期前半の遊びを充実させていきます。とりわけ、玩具を見つけたら次々に手を伸ばして取る、左右の手に持ち替え

るといった遊びが大切です。こうした遊びが出てこない間は、自分から寝返ることもしません。

　乳児期後半の発達の特徴は、外界に気づくだけでなく、外界の事物に意味（興味）を感じ、それに自ら向かっていこうとする意思が誕生してくるところにあります。自ら外界の物事につながる一歩として、手が出て、喃語が始まり、寝返りが始まってくるのです。すべての発達はこのように連動しています。

③ うつ伏せから仰向きに戻る

　あかちゃんは仰向きからうつ伏せに寝返っても、しばらくの期間はうつ伏せから仰向きに戻れません。それが自由にできるようになるのは、腹這いで回旋ができるようになってからです。それまでは、うつ伏せで遊んでいても疲れて全身を反らしたり、泣きだしたら、保育者が体位を変えるようにしてやります。

　6か月～7か月児は、まだ仰向きでもいっぱい遊んだ方がいいのです。うつ伏せのままで放っておくと、疲れてそのまま眠ってしまうことがありますが、布団に移すときには仰向きにしてあげてください。

2 ● 腹這い移動

① 腹這いで回旋

　寝返りが左右にできるようになり、うつ伏せで長く遊べるようになったあかちゃんは、次は腹這い移動です。しかし、腹這いですぐに前進できるわけではありません。最初は後ろに下がったりします。

　自分で寝返って玩具で遊びだしたあかちゃんの目の前、50～60 cmのところに玩具を置いて、前進するように誘ってみてください。あかちゃんはとりにいこうとしますが、両腕を突っ張って思わず後ろに下がってしまいます。さらに行こうとすると、

腹這い回旋をし始めた生後6か月半のあかちゃん

バタフライのようにもなってしまいます。

　左腕で身体を引き寄せ、右手でとりにいく、右腕で引き寄せ、左手でとりにいく、こんな非対称的な動作の交互運動が出てこないと、上手に前に進めないのです。それでは、こんな交互運動がでてくるのには、何が必要なのでしょうか。

　まず、前項で述べたような寝返りが、左右にできることと、腹這いで回旋が右回りにも、左回りにもできることです。寝返りができだすと、うつ伏せで遊んでいるあかちゃんの側方か後方に保育者が低い姿勢になって、あかちゃんの手のそばに玩具を出してみます。あかちゃんはとろうとして、顔をそちらに向けて手を出します。手が近づくと玩具を側方から後方へ移動させていきます。すると、あかちゃんはそれを追って身体を回旋させます。このとき、手が身体の下に入って回れない子は、初め保育者が玩具側の手を引出してやります。

　6か月を過ぎて、腹這い回旋ができるようになったあかちゃんの腹這い姿勢は、両肘で上半身を支えるだけでなく、多くが、肘を床から浮かして両手のひらで支えた腹這い姿勢も取れるようになっています。このときの手指先は屈曲ぎみで、体重は主に手のひらの手根側で支えています。

②腹這いで前進

　左右に寝返りができ、腹這いで回旋ができるようになると、次は腹這いでの前進です。7か月頃になると、あかちゃんの前方に玩具を置いて、前に来るように誘ってみます。8か月過ぎて前進しはじめても、遅くはありませんので心配しなくて大丈夫です。

這うときに上下肢の交互運動が出ないで、腕を同時に引きよせ、尺取虫状に前進する子には、後述する「金魚運動」などで身体の緊張を緩め、前の段階の腹這い回旋もさらにたくさんするようにします。そして、玩具で前進を誘うときは、前方にではなく、まず右前へ右前へ誘い、次に左前へ左前へと誘います。

　また、片足だけを蹴るように動かし、もう一方の足は伸ばしたまま這うようになった子については、伸びた足の方向に円を描いて前進するように誘います。例えば、左足を動かし、右足を伸ばしたままの子であれば、右前方へ右前方へと円を描くよ

ワンポイントアドバイス
―腹這いで動こうとしない子へのはたらきかけ―

　あかちゃんの中には、外界への関心はあるのに、寝返って肘や手のひらを床について遊ぼうとしなかったり、腹這いで動こうとしなかったりする子がいます。生まれつき運動筋が弱い子や、全身に神経的な緊張がある子は、腕を突っ張ることが苦手で、こうした運動を嫌います。

　こんな子には、4か月～5か月に引き続き、仰向きや抱っこで上肢を伸ばして前方の玩具をとる遊びをします。寝返りが自由にできるようになって、腰のすわりもしっかりしてきている子であれば、保育者が後ろから両脇下を持って膝に乗せ、そっと前方に倒して床に手をつく遊びなどもしてみます。全身の緊張が高くなっている子については、後述の「金魚運動」などで、緊張を緩めます。

保育者の膝から床に手をつくあかちゃん

うに誘っていきます。動かしていない下肢に異常があるわけではありません。かえってそちら半身の機能が優位になっていて、主に右腕で体重を支持して移動しているから、右下肢が動かせないだけなのです。左腕にも同じように体重がかかるようにすれば、右足は動きます。右前方に移動するように誘うと、体重はおのずと左腕の方にかかります。

❦❦ 3・お座り ❦❦

　床の上を腹這いで自由に水平移動できるようになったあかちゃんは、手足の力を一層つけていきます。8か月後半になると、体を重力に抗応させ、上下に移動させることもできるようになってきます。つまり、上下肢を突っ張って自分で四つ這いになったり、つかまり立ちをしたりすることができるようになってきます。この頃にできるようになるのが、お座りです。つかまり立ち、お座り、四つ這いはだいたい同じ時期にできるようになってくるもので、先につかまり立ちをして、その後に四つ這いをし始める子もいます。

お座り、つかまり立ち、ハイハイはほぼ同時期に始まることが多い

ワンポイントアドバイス
－回旋ができても、なかなか前進できない場合－

あかちゃんの中には、左右に回旋ができるようになっても、腕で身体を引きよせることが分からず、なかなか腹這いで前進できない子もいます。そんな子には次のような遊びをしてみます。

① あかちゃんを肘支持でうつ伏せ姿勢にする
　このとき、あかちゃんの上腕をあまり前方に出してはいけません。上腕と床の角度は90度程度にします。

② 右手の前に玩具を提示する
　あかちゃんの前に保育者がいき、低い姿勢であかちゃんの右手の前に玩具を提示します。あかちゃんが右手を伸ばしてそれをとりにこようとすると、玩具を前方へ遠ざけます。右手で伸び上がるようにとりにこさせるのです。そのとき左腕は床を掻き込むように胸の方に引かれ、身体が前に伸び上がるのを助けます。

③ 今度は左に玩具を提示する
　身体が少し前進すると、今度は左手でとりにこさせます。

　こんな遊びを、2～3日繰り返していると、あかちゃんは次第に前進し始めます。上肢が交互にでるようになると、下肢も交互に動きはじめます。
　腹這い前進しはじめた頃は、移動が始まるとまだ肘支持になることも多く、肘から手にかけて前腕全体で床を掻き込むように這います。しかし、日が経つにつれて腹這いでも次第に肘を浮かせ、手のひらで上半身を支えて移動するようになります。肘這から手のひら這になると、スピードも加わって、やがて四つ這いへと移行していきます。

全身に余分な緊張が入って身体を硬くしている子は、ハイハイが苦手、寝つきが悪い、不機嫌になりやすいなどといった問題も見られるようになります。こうしたあかちゃんには、「不安定な抱き方や顎を上げた寝かせ方はしない」「電磁波などをはじめ、過剰な刺激からは離す」「早寝早起きの生理的リズムを整える」といったことが大切です。日常生活の一部になっているスマートフォンやテレビなどの電磁波でも、その発信源に1mほどまで近づくと、子どもは緊張します。

コラム
金魚運動

　こうした基本を大切にしながらも、余分な緊張が入ってしまった子については、緊張をとってやる必要があります。あかちゃんの時期は、顎を引いて身体を丸めぎみに抱いてやると緊張がとれますが、身体が大きくなった乳児期後半以降の子どもについては、金魚運動をおススメします。背骨を魚のように左右に動かすことから、金魚運動といわれています。

① あかちゃんを仰向きに寝かす
　あかちゃんを仰向きに寝かせます。このとき、あかちゃんの顎が上がっていてはいけません。両上肢は体側にだらんとさせます。

② あかちゃんの両下腿部を保育者の左右の膝に乗せる
　保育者があかちゃんの足元に正座し、両下腿部を保育者の両膝の上に乗せます。膝に乗せたとき、あかちゃんの背部から腰部にかけてが、床に密着していることがポイントです。

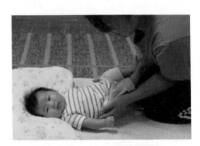
あかちゃんの金魚運動

③ あかちゃんの腰を左右に揺する
　あかちゃんの背部から腰部にかけてが床に密着していることを確認すると、保育者は両手の平をあかちゃんの体側に当て、腰部（ウエストの辺り）を左右に軽く数回揺すります。5回〜10回揺するだけで緊張がとれます。

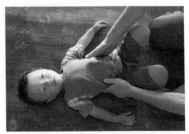
幼児の金魚運動

4・四つ這い

1 四つ這い前期

　四つ這いが始まると、しばらくは平坦な床面での移動ですが、1か月もすると重力に逆らって軽い斜面や段差などにも這い上がれるようになります。10か月頃にはかなり速く這い、テーブルなどがあると、その上に上れるようにもなります。しかし、高さに向かうことはできても、まだ深さを捉えることはできません。台に上がっても、うまく降りることができないので、台に上がったときは落ちないように見ていてやる必要があります。

　あかちゃんは、主に、膝と手のひらの手根で身体を支えて四つ這いをします。這っているときの足先は後ろに向いて足の甲が床についています。手のひらは軽く丸まり、手指は屈曲ぎみです。

　このとき、保育者があかちゃんの足の指を立たせたり、手のひらを開かせたりすると、あかちゃんはうまく這えません。無理に這わせても、腕で体重が支えにくく、腰を少し後ろに引いて、下肢の方に体重をかけた四つ這いになってしまいます。あかちゃんは、腕に体重をかけて這うことで、腕の力だけではなく、体幹や顔の周りの力なども整えていくのです。

　四つ這いでしっかり腕に体重をかけて這う子は、肩甲部から手の甲に至る上肢の伸筋群を強め、体幹部では胸を開いて、呼吸器機能を高めていきます。腕をつく力が弱いと、お座りや起立姿勢をとったときに、背中を丸め、胸をすぼめた姿勢になります。腕の力がつくと、手先の動きも器用になります。歩くようになって転んだときも手が出やすくなるし、

ハイハイの姿勢

第2章●乳児期後半のあかちゃんと育児　81

噛む力もつきます。

②　四つ這い後期

　テーブルなどの台に這い上がれても、うまく降りることができなかったあかちゃんも、10か月半頃になると、自分の手を伸ばして届くような段差なら、台の上から床に手をついて這い下りることができるようになります。斜度があまりにもきついと無理ですが、少々の傾斜なら、斜面も四つ這いで這い下りるようになります。

　あかちゃんがテーブルなどに上がったり降りたりして遊ぶ。これも、移動の自由を拡大し始めた子どもにとって、大事な活動です。危険のない場を設定して、台に上ったり、斜面を這ったりする機会も増やしていきましょう。少し大きな段差は足から降りようとしますが、うつ伏せで手がつくくらいの段差は、手をついて這い降ります。手から降りたり、斜面を下向きに這ったりすることで、腕を突っ張る力や、歩行に必要なバランス感覚を身に着けていきます。それに、10か月半過ぎのあかちゃんが台から下りる様子を見てください。手で深さを探るようにして床に手をつきます。こうしたことを通して、認識的にも深さや高さをとらえる力が育ってくるのです。また、段差や斜面での四つ這いは、立ち直り反応を充実させていきます。それは、身体の立ち直りにとどまらず、心の立ち直りにも影響してきます。気持ちを立て直し、立て直ししながら1つのことをやり上げていく。気持ちを切り替えて新しいものに向かっていく。こんな力も、四つ這いをたくさんする子はその内面で培っているのです。

　あかちゃんは11か月を過ぎると、上りなら、かなり傾斜があるマットの山や土山などでも、四つ這いで上れるようになります。斜度が大きい斜面を上るときの子どもの上肢をよく見ると、手のひらは平面での四つ這いより少し開きぎみになり、指先にも力を入れています。下肢は膝だけでなく、足指を斜面にたてて、指先も使って這っています。

　1歳近くになると、平面でも手と足先だけで這うようになりますが、このときは膝

は床につきません。いわゆる高這いです。机や壁を伝って自由につたい歩きができるようになった頃は、移動は四つ這いに代わって高這いが主になってきます。

③ 座位移動

腹這い移動の時期に腹這いをせず、四つ這いの時期になっても四つ這いをせず、急に自分で座位をとるようになったかと思うと、座位のままで体の向きを変えたり、お尻と足で座位移動をし始める子もいます。

こうした座位移動は、4か月～5か月の玩具に手を出す時期に玩具に手を出さなかったり、6か月～7か月の離乳食の始まる時期に、離乳食に手をださなかったりした子どもたちに多く見られます。知的障害や、自閉的傾向をもつ子どもの乳児期にしばしば見られますが、障害がなくても、生まれつき筋力が弱くて、うつ伏せ姿勢になったり、腕を突っ張って上半身を支えることを嫌がる子どもたちの中にも、こうした移動をする子がいます。座位移動をするあかちゃんにはアレルギー性の皮膚をしていることも多く、感覚過敏でものに触れることを嫌がる子もいます。

こんな子に、大人が無理に四つ這い姿勢をとらせても、身体をこわばらせて抵抗するだけです。まず、玩具に触れたり、ぬるま湯や水に触れて遊べるようにしていくことです。そこから、触れることができる玩具を増やしていきましょう。食べ物をつかんで食べられるようにしていくことも大切です。そして、縁先から庭のゴザの上で、芝の上から土の上でと、遊びの場を広げていきます。

保育者が膝に抱いて遊ぶときには、ときどき、子どもの身体を前に倒して手を突かせたり、横に倒して手を突かせたりしてや

座位移動する子に限らず、水に触れる機会は感覚の発達において非常に大切

ります。

　乳児期にほとんど四つ這いをせずに、幼児期を迎えて歩行をするようになってしまったら、幼児期にリズム遊びや模倣遊び、斜面での遊びなどで、四つ這いの再学習の機会をつくってやりましょう。

🌱🌱 5・つかまり立ち 🌱🌱

　つかまり立ちは四つ這いと同じく、8か月後半〜9か月頃に始まります。この頃の子どもは、立つことで新たに下肢の抗重力筋や、骨格などの成長を促します。

　あかちゃんは台につかまって立っても、その状態から床に座れるようになるには、少し日数がかかります。初めは尻餅をつくように座りますが、台につかまって立ち、片手で玩具をもったり、片手支持で振り向いたりするようになると、次第にゆっくり腰が下ろせるようになってきます。

　踵をついてつかまり立ちができるようになると、台の上に玩具を置いて遊ぶようにします。ようやくつかまり立ちをし始めたあかちゃんは、玩具を出されてもまだ手が出せなくて、見ているだけですが、やがて上半身を台に寄せかけるようにして片手を空け、玩具に手を出すようになります。そして10か月を過ぎる頃からは、身体を台から離し、片手だけで身体を支えて遊べるようになります。この段階にくると、いろんな玩具を台に乗せてやります。ガラガラを持って振る、積み木を箱に出し入れする、立ったままおやつのつまみ食いもいいでしょう。右手でも、左手でも遊べるようにします。また、片手支持で遊ぶあかちゃんに、側

つかまり立ちができるようになったばかりのあかちゃん

方や後方から呼びかけて、振り向かせるようにもします。
　片手で玩具を持って遊んだり、立ったまま振り向いたりすることで、子どもの左右の下肢には体重の移動が生じ、片足でしばらく身体が支えられるようになってきます。ここにくると、立った姿勢から座るのが上手になります。また、つたい歩きも始まってきます。

ワンポイントアドバイス
－四つ這いやつかまり立ちの時期の注意点－

　この時期に腹這いや四つ這いといったハイハイより、お座りやつかまり立ちを優先させていると、ハイハイをしないで歩いてしまう子がでてくることがあります。中には、9か月～10か月で歩き出す子もいます。

　早い時期に歩き始めることを、よいことと思う人もいるかもしれません。しかし、成長にはバランスが大事なのです。認識や社会性の育ちが未熟なのに、運動発達だけが進んでしまうと、動きが先行した落ち着きのない子になっていきます。また、腹這いやハイハイは、身体各部の動きの協応性・協調性、あるいは感覚と運動の協応性・協調性を促し、その後の運動の基礎を形成していきます。腹這いやハイハイを十分にせずに歩きだした子は、幼児期以降の運動や動作に器用さが出てきにくくなったりします。また、四つ這いで腕に体重をかけることを嫌がる子は、幼児期に道具などを持って外界にはたらきかけていくような遊びも、あまりしなくなります。

　大人がハイハイの姿勢になって腕に体重をかけてみてください。顔の周りの筋肉が緊張しませんか。このように、四つ這いは離乳食期に入ったあかちゃんの咀嚼筋なども強めていくのです。

6・つたい歩き

　11か月頃になると、つかまって立っている手から少し離れたところに玩具を置いて、左右へのつたい歩きを誘ってみてください。つかまって立つ台はコタツの台でも、テーブルでもいいです。あかちゃんは玩具をとろうとして足を横に踏み出します。

　足が踏み出せない子には、つかまり立ちでの遊びをさらに充実させていきます。

ワンポイントアドバイス
―無理な訓練はせず、自然なハイハイを保障する―

　手で体重を支えて這うことが大事だといっても、（手に麻痺などがある子は別として）まだあかちゃんや幼児期前半の子どもに、保育者が子どもの身体を持ち上げ、上肢だけで這わせる手押し車のようなことをするのはよくありません。前項でも少し触れましたが、乳児期や幼児期の初期は、身体各部の運動の協応性・協調性、感覚と運動の協応性・協調性を促しながら、その後の運動の基礎を形成していく時期です。

　足の指を立たせたり、手のひらを開かせたり、手押し車をしたりしないで、あかちゃんには自然のハイハイをたくさん保障していくようにします。四つ這いの力がついてくると、平面の床では保育者が誘導して少し速さを上げて這ってみてください。あかちゃんの体重はおのずと両上肢にかかります。また、斜面は上るだけでなく、緩やかな斜面を這い下りるようにもします。

　足の指を立てて這う「六つ這」は、四つ這い後期になって斜面を上るときなどに見られますが、この時期に、何かに向かおうと気持ちを張り詰めて四つ這い姿勢をとったときなどにも、足先を床に立てることがあります。しかし、移動が始まると、平坦な場所であれば足先は立てないで進みます。四つ這い後期になっても、一般的には、平坦な場所で「六つ這」をすることはほとんどありません。斜面の上りでも、子どもが高這いをするようになると、高這いで上ります。

片手を台について、もう1つの手で玩具を持ったり、振り向いたりすることで、片方の下肢に重心が移動して、一方の足で体重が支えられるようになります。片足で体重が支えられるようになると、もう1つの足を床から浮かして、横に踏み出すこともできるようになります。左右につたい歩きができるようになったあかちゃんは、立った姿勢から玩具を落としても、片手で台につかまって片足を深く曲げ、玩具を拾い上げることもできるようになります。

　さて、つたい歩きが自由になり、平坦な床の上の移動も四つ這いから高這いに代わってくると、いよいよ2つの足での歩行が始まります。高這いや歩行については次の章で述べていきます。

ワンポイントアドバイス
—つま先だけで立つ子の対応—

　中には立ったときに踵が床につかず、つま先だけで立つ子がいます。そんな子の多くは、まだ時期が尚早なのに立っているか、身体に異常な緊張がある子です。いずれにしても、つま先だけで立っていると、全身の緊張が高まってきます。お尻の筋肉や下腿外側の筋肉などに力がつきにくく、歩きだしても膝や股関節を軽く曲げて、お尻を振りながら歩くようになります。こうした子には、周りからつかまり立ちができる台などをとり除いて、もう少しの間、ハイハイでの遊びを促していきます。

　時期が早いのにつかまり立ちをして足先で立っている子でしたら、左右の手足を交互に動かして、腹這いや四つ這いをしているうちに、踵をつくようになります。しかし、しばらく経っても足首が硬くて、つま先立ちがなかなか直らないようでしたら、異常緊張などがあるかもしれません。専門家に相談してください。

片足を立てたハイハイ

コラム
変則的な四つ這いと、それへの対応

① 片足を立てて這う

あかちゃんの中には、四つ這いの時期に片足を立てて這う子がいます。こうした子の多くが腹這いの時期には片足だけを蹴るようにして移動しています。

四つ這いで片足を立てている子も、右足を立てている子であれば、自分の上半身を主に左手で支えている子です。右手にも体重がかかるように、左前方へ左前方へと誘ってやると、右足も膝をついて這うようになります。四つ這い後期になると、軽い斜面を這い降りる遊びもたくさんしてください。

② 足先を浮かして這う子

あかちゃんの中には、手足の指を握るようにし、股関節を内転させ、足先を床から浮かして這う子がいます。こうした子は、全身の緊張が高くなっている子です。早寝早起きをさせたり、あかちゃんの周りから強い電磁波などの刺激物を除いたりしてあげてください。そして、金魚運動などで緊張を緩めてあげてください。

③ 両足先を交差させるように浮かせて這う子

股間を開きぎみにして四つ這いになり、両足先を交差させるように浮かして這う子もいます。こうしたあかちゃんは筋力が弱い子です。四つ這いを嫌がったりもします。保育者がしっかり関わって、楽しく体を動かせる環境をつくっていきます。身体を動かして筋力がついてくると、四つ這い姿勢はよくなって、浮いていた足も床に着いてきます。

3 対人遊び

　あやされると、周りの人たちに笑顔で応えるようになった乳児期後半のあかちゃんは、やがて家族や身近な人々の顔が分かるようになり、あかちゃんの方からもほほえみかけてくるようになります。可愛い口もとから、話しかけるように出てくる声。思わずほおずりをすると、モミジのような手が、大人の頬に触れます。
　乳児期前半を充実して育ってきたあかちゃんは、4か月半～5か月になると外界に気づくだけでなく、次第に対象が見分けられるようになって、物事に関心をもつようになってきます。そして、自分からその対象に向かって笑顔を投げかけたり、声をかけたり、手を出したりするようになります。それに向かおうと、体位変換や、移動をはじめます。また、関心をもって物事を見るようになると、その中に意味を見つけ、まねっこなどをとおして、それを自分のものにしていこうともしはじめます。

1●いないいない、バー

1 両手で、いないいない

　あかちゃんは4か月頃になると、大人のあやしかけに対して声を出して笑うようになることは前述のとおりです。
　その後、5か月～6か月頃になると、保育者が、「いない、いない……」といいながら、両手でしばらく顔を隠すと、あかちゃんは顔が出てくるのを待つようになります。仰向きで遊んでいるあかちゃんの胸の上で顔を隠してみてください。しばらくして、「バー」と顔を出すと、大喜びをします。

6か月過ぎになると、手でまだ顔を隠しているのに、顔が出る前からあかちゃんは笑いだしたり、あかちゃんの方から保育者に声をかけたりするようになってきます。何回もやってみましょう。

②ハンカチで、いないいない

　7か月になった頃に、あかちゃんの顔にきれいなハンカチをかけてみましょう。あかちゃんの姿勢は、仰向きでも、うつ伏せでも、保育者に抱かれて座った姿勢でもかまいません。あかちゃんは自分の手でハンカチをとります。顔が出ると、「バー」と、声をかけます。初めは少しびっくりしますが、慣れてくると笑顔がでて、何度もやるようになります。

　8か月を過ぎて自分の顔のハンカチがよくとれるようになると、あかちゃんを保育者の膝に向かい合って座らせ、今度は保育者の顔にハンカチをかけてみます。あかちゃんは保育者の顔のハンカチもとるようになります。

　10か月になると、外したハンカチを自分の顔にかけようとしたり、保育者の顔にかけようとしたりもしだします。こうして、あかちゃんの遊びは、大人を中心にしたあやし遊びから、あかちゃんと大人のやりとり遊びへと発展してきます。

③鏡で、バー

　6か月を過ぎたあかちゃんは、鏡を見ることもできるようになります。家で大人が使うときに、割れないように気をつけながら、あかちゃんにも見せてみましょう。あかちゃんは鏡に写る自像に声をかけたり、手を伸ばして触れたりします。

　9か月頃になると、鏡の向こうの像と、自分の関係が分かりだし、鏡の前でいろんな動作をするようにもなります。

　兄弟のいないあかちゃんが、初めて鏡の向こうに子どもを見つけたとき、くいいるように見つめることがあります。そんなことからも分かるように、あかちゃんは4

か月～5か月を過ぎると、もう仲間が欲しくなってくるのです。

2・ハイハイで追いかけっこ

1 追いかけっこ

　あかちゃんは6か月を過ぎると、身の回りの人たちの動きや動作に関心をもつだけでなく、その中に意味を感じるようになり、自分も人の動きに合わせて動いてみようとしはじめます。あかちゃんが腹這いで前進するようになると、保育者もワニさんやお馬さんになって這ってみましょう。言葉かけや歌いかけをしながら這うと、あかちゃんも後を追って這ってきます。

　9か月～10か月になると、あかちゃんは四つ這いをするようになります。ハイハイで遊びながら、保育者が物陰に身体を半分隠してみましょう。すると、あかちゃんは急いで追ってきます。保育者が物陰から、「バー」と顔を出すと、追ってきたあかちゃんは大喜びします。そして、もう一度隠れてくれないかと、あかちゃんは保育者の次の動きを待ちます。保育者が動くと、また追いかけます。あかちゃんと相手の間に、遊びが成立してくるのです。

　10か月半～11か月になると、相手の次の動きをうかがっているあかちゃんに、

追いかけっこで遊ぶ様子

保育者が急に身体の向きを変えて、「待て待て……！」と向かうと、あかちゃんはおもしろがって逃げるようになります。ここにくると、あかちゃんの方からも積極的に相手にはたらきかけるようになり、やがて逃げたり、追いかけたりの遊びも成立してきます。

2 隠れて、いないいない

　10か月半を過ぎると、保育者が物陰に姿を全部隠しても、あかちゃんは声のする方へ追ってくるし、自分も隠れることが分かってきて、身体を隠したつもりで、「バー」といったり、ドアの隙間から相手に声をかけたりしはじめます。「隠れて、いないいない」ができるようになってくるのです。

　まず、保育者があかちゃんと一緒にハイハイをしながら、カーテンの陰やテーブルの陰に隠れて、遊びを誘ってみます。朝起きた時間に窓を開け、お布団にもぐって遊んでもいいでしょう。あかちゃんがカーテンの後ろに隠れると、今度は、「どれ、どれ……」といいながら、保育者が追いかけます。あかちゃんが顔を出すと、逃げます。11か月頃になったら、こんな遊びをあかちゃんと保育者で、あるいは他の子どもたちも入れて、いっぱいしてあげましょう。

3 • たかいたかい

　9か月〜10か月頃になって、あかちゃんがハイハイで保育者を追いかけるようになったら、追ってきたあかちゃんを保育者が座って持ち上げ、「たかいたかい」をしてみましょう。両脇下を持って高くさし上げると、あかちゃんは喜びます。

　「たかいたかい」で持ち上げた後は、保育者から少し離して下ろし、声をかけたり、逃げるまねをしたりします。すると、あかちゃんは保育者をめがけてハイハイしてきます。保育者がつかまると、また「たかいたかい」をする。下ろすと逃げる。こん

な繰り返しの遊びも、この時期のあかちゃんにはとても大切なのです。

お布団の上で「たかいたかい」をするときは、柔らかい掛け布団を重ねた上に、あかちゃんをわざと仰向きに下ろしてみてください。こうすることで、四つ這いをするようになったあかちゃんでも、寝返りや腹這いがたくさんできて、前の段階の運動の再学習にもなります。

たかいたかいで遊ぶ様子

また、このときに保育者が布団に隠れると、「いないいない、バー」遊びにもなります。

🌱🌱 4 ● 玩具でのやりとり 🌱🌱

ハイハイで追いかけたり、逃げたり、隠れたりできるようになってきたら、保育者があかちゃんと並び、前方に玩具を転がしてみましょう。最初は「おや」という感じで玩具を見たり、保育者の顔を見たりしますが、大人が玩具をとりにいくとあかちゃんもとりにいくようになります。大人がとっては前に転がしながら、あかちゃんと一緒に遊びます。

11か月前後から、玩具を転がすと、大人より先にあかちゃんの方が取りにいくようになります。また、「ちょうだい」と言うと、とった玩具を差し出してくれるようにもなります。ここまでくれば、保育者が玩具を転がして指をさし、「とって」というだけで、とりにいくようになります。

1歳のお誕生日頃になると、保育者が2メートルぐらい離れてあかちゃんと向かい合って座り、玩具をあかちゃんの膝もとに転がしてみます。あかちゃんが拾うと、「ちょうだい」と声をかけます。手を出して待っていると、初めは拾った玩具を持って渡しにきますが、やがて投げ返すようになります。投げ返すと投げ、また投げ返

す……。言葉のやりとりができはじめる段階の子どもたちには、こんな遊びもできるようになってくるのです。きれいな鞠や、木でつくった車の玩具などで、こうした「やりとり遊び」もいっぱいして遊びましょう。

5・チョチチョチやバイバイ

　周りの人たちの動きや動作に意味を感じるようになったあかちゃんは、自分でもそれをやってみようとしはじめます。簡単な動きや動作からですが、模倣がはじまるのです。そして、模倣をとおして、自分の動きや身振りにも、（社会的な）意味をとり込んでいきます。

　スプーンでスープなどをすくってあかちゃんにあげるとき、保育者が食べるまねをして大きく口を開けると、あかちゃんも口を開けるといった初期の模倣は、生後5か月頃から始まります。

　手遊びなどの模倣は、9か月頃からです。9か月になったあかちゃんの前で、保育者が両手を握り、「チョチチョチ」といって手をたたいて見せてください。模倣が始まったあかちゃんは、それを見てやろうとしはじめます。また、両手で軽く頭を叩いて、「おつむテンテン」もしてみましょう。上手にはできなくても、あかちゃんが少しでも似た動きを見せたら、一緒に喜んでやります。

　11か月を過ぎると、いろんなまねっこができるようになり、数回やると、言葉の指示だけで動作をするようになります。手のひらで軽く口を叩いて、「アババ」。両手で糸巻きをするように、「カイグリカイグリ」。手のひらを握ったりひらいたりしながら、「ニギニギ」など。この時期からは、こうしたまねのしやすい手遊びでいっぱい遊んでください。

　1歳を過ぎると、手遊び歌などで、いくつかの動作を組み合わせて遊んでもいいでしょう。

6 ● 歌いかけ、話しかけ

　あかちゃんへの歌いかけや話しかけは、乳児期前半からできるだけまめにします。遊ぶときだけでなく、おっぱいを飲むときや、おむつを替えるとき、眠りにつくときなどにも、「いっぱい飲もうね」「気持ちいい？」などと、積極的に話しかけます。眠りにつくときに、いつも歌いかけていると、4か月〜5か月頃からは、いつもの歌を聞くだけで、眠るようにもなります。

　6か月頃になると、あかちゃんの方から「あーあー」「あぶあぶ」などと喃語で話しかけてくるようになります。あかちゃんが話しかけてきたら、「そうなの、おもしろいの」などと、こちらからも笑顔で話し返してやります。こうした受け答えをし合う中で、あかちゃんは次第に人間関係の基礎や、社会性などを身につけていくのです。

　離乳食をとるときは、「マンマよ、アーン」などといいながら、保育者も食べるまねをします。お散歩をしていて犬を見つけたら、指をさして、「ワンワンだ」と話し

コラム
バイバイの成長

　大人が手を振りながら、「バイバイ」というと、手を振りだすのは9か月頃からです。
　最初は左右の腕の動きが分離しないので、一方の手を振ろうとすると、もう1つの手も動いてしまいますが、10か月半頃からは、片手でも「バイバイ」ができるようになってきます。この段階になると、大人が動作を見せなくても、「バイバイをして」と、言葉かけをするだけで、手を振ります。まだ言葉は話せませんが、繰り返しの遊びの中で、言葉と動作の関係なども分かりだしてくるのです。

かけてやります。ハイハイで一緒に遊ぶときは、「お馬の親子〜」などと歌いながら遊びます。このように、生活の中で、遊びの中で、たくさん言葉かけをしていると、あかちゃんはまだ喃語しか話せませんが、大人の話す言葉とその中身が、次第に分かるようになってくるのです。

　10か月半を過ぎると、「マンマですよ」と呼ぶだけで、あかちゃんは食卓にきたり、「ワンワンは」と問いかけるだけで、キョロキョロ探したりするようになります。歌いかけてやるといろんな仕草をするようにもなります。「ちょうだい」や、「バイバイ」なども、言葉の指示だけで分かるようになります。そして、1歳前後になると、自分から手や指をさして、「った」と教えたり、「マンマ」といったりするようになります。一語文が出はじめてきます。

ワンポイントアドバイス

―あかちゃん言葉―

　乳児期後半のあかちゃんへの話しかけや歌いかけは、できるだけ動作や、身ぶり、手ぶりを伴いながらします。言葉は、「マンマ」や「ワンワン」「ねんね」「ブーブー」などと、音が繰りかえされる言葉をたくさん使うといいでしょう。

　あかちゃん語を使うと、大きくなったときに残るのではないかと心配する人もいますが、多くの音韻で組み立てられた単語や言葉より、単純な音の繰り返しや、擬声音や擬態音などの方が、あかちゃんには聞きとりやすいし、未熟な構音機能で話すにも、話しやすいのです。あかちゃん語を使っていても、仲間と対等に遊びだす2歳半〜3歳頃になると、犬は「イヌ」、車は「クルマ」というようになるし、噛む機能などの高まりとともに、構音機能も高まってきて発音もきれいになってきます。必要なことは、子どもがいかに言葉になじみ、言葉をとおして周りの人たちとのコミュニュケィションを深めていくかということです。

　言葉の発達については、第3章第2節で詳しく述べます。

④ あかちゃんと手の遊び

　「手は突き出た大脳」といわれたり、「手は外部の脳」といわれたりします。私たちの国では「手先の器用な子は頭がいい」などともいわれてきました。カナダの脳神経外科医のペンフィールド（1891〜1976年）の『ペンフィールドのマップ』によると、大脳皮質の大半にあたる、約3分の1が手指の操作に関与しているとされています。私たち人類は、進化の過程で手を使って外界と関わってきたことで、大脳を発達させてきたともいえます。あかちゃんの成長・発達にとっても、手指を使った活動はとても大切です。

　大人にあやされて笑っていたあかちゃんも、4か月半頃からは玩具を見つけると、自分で手を伸ばして取りにいくようになります。6か月頃まではまだ手指の動きがぎこちなくて、一度つかむとうまく放せないし、つかんで振ったり、なめたりしているうちに、落としてしまうこともありますが、6か月を過ぎた頃からは、つかんだり、放したりすることが自由になり、右手に持ったものを左手に、左手に持ったものを右手に持ちかえることも上手になってきます。

　ここでは、6か月以降のあかちゃんの手の活動を見ていってみることにします。

1・6か月〜8か月児と玩具遊び

① 床の上での玩具遊び

　6か月頃になると、仰向きになっている胸の上に玩具が出てくると、あかちゃんは手を伸ばしてとるようになります。顔の横に玩具を見つけると、寝返って取るようになります。うつ伏せでは持った玩具を床に打ちつけたり、なめたりして遊びます。

こんなとき、言葉かけをしながらもう1つ玩具を出してみてください。あかちゃんは持っていた玩具を放して、その玩具をとりにいきます。次から次へと興味を広げていくのです。保育者はあかちゃんが放した玩具を拾い上げるか、新たな玩具を出すかして、またあかちゃんの前に玩具を提示し、遊びを継続していきます。

2 抱っこでの玩具遊び

　6か月頃になって、保育者があかちゃんを膝に抱いて遊ばせるときも、玩具は欠かせません。ガラガラなどを鳴らしながら言葉かけをします。あかちゃんが取って自分で鳴らしたら、「上手上手」と、一緒に喜んでやります。このとき、もう1つガラガラがあれば、それも出してみてください。あかちゃんは持っていたガラガラを放して出されたガラガラをとりにきます。

　抱いたあかちゃんの前にテーブルがあれば、その上にたくさんガラガラや積み木を乗せてみてもいいでしょう。1つとって、また1つというように、あかちゃんは次々に玩具を落とします。

　7か月頃になると、あかちゃんはテーブルの上の玩具を全部払い除けます。この

もう片方のガラガラを手にすると、持っていたガラガラを放す

頃に、保育者が積み木で塔をつくって、崩して見せます。すると、あかちゃんも崩して、またつくってくれないかと、大人の次の行動を期待して待ちます。つくると崩す。つくると崩す。そんな遊びもしばらく続くようになります。

　8か月頃には、保育者が玩具をテーブルに打ちつけると、あかちゃんもトントン打ちつけます。片手に玩具を持って遊んでいるあかちゃんに、もう1つ玩具を差し出すと、前の玩具を落とさずに、その玩具もとって、両手に玩具を持って遊ぶようにもなります。ここまできたあかちゃんには、2つの玩具を打ち合わせるような遊びもしてみてください。

2・8か月〜10か月児と玩具遊び

1 両手の玩具でチョチチョチ

　8か月後半〜9か月頃には、自分でお座りができるようになってくるので、保育者は座ったあかちゃんの前からはたらきかけて、まねっこなども引き出すようにします。

　あかちゃんが両手に玩具を持つようになると、保育者も両手にガラガラや積み木を持って、チョチチョチ打ち合わせてみます。9か月頃には、あかちゃんも打ち合わせるようになります。

　両手で遊んでいるあかちゃんの前で、大人がさらにたのしく遊んで見せると、あかちゃんは自分の玩具を放して大人の玩具をとりにきます。自分の玩具よりたのしく見えるのです。そして、自分も大人がやっていたようにやろうとします。

2 箱から出す

　保育者が器に積み木を盛り上げるように入れてみます。すると、あかちゃんは次々に積み木を出しはじめます。大人が知らない間に、ティッシュを箱から引き出して

しまうのも、少し開いたタンスから衣類を引き出すようになるのも、この頃です。大人には部屋が散らかるようになって大変ですが、物と物の関係をつかんでいく上でも、こうした遊びは子どもにとって大切なのです。出すのは出してもまだ入れることが分からず、入れることができはじめるのは10か月半過ぎからです。それまでは、出した物は大人が入れてやります。

ティッシュを箱から出して遊ぶのが楽しい時期

　8か月〜9か月になると器からものを出しますが、中にまだものが残っていても、出しているものが見えなくなればやめます。覗き込んでまで出さないので、全てを出し切らせようともしないでください。まだ深みをとらえる力がないからです。深みがとらえられるようになりはじめるのも10か月半過ぎからです。

　10か月半頃からは、ときどき入れる動作も見られるようになってきますが、これも月齢がきたからやり切らせていかなければいけないと思わないでください。遊びが訓練になってしまってはいけません。訓練は子どもに強いストレスを与えます。子どもはその時期その時期の遊びが自由に保証されていくことで必要な力を伸ばしていくのです。

3・10か月〜1歳過ぎの子どもと玩具遊び

①器に出し入れ

10か月半〜11か月頃になると、物を出すだけだったあかちゃんも、入れるようになります。あかちゃんの目の前で、保育者が底の深いコップに積み木を数個入れて、渡してみてください。あかちゃんは積み木を出して、コップの中を覗き込み、出した積み木をまた入れます。

おもちゃ箱の中身も、出したり、入れたりできはじめます。1歳頃になると、蓋つきの器でも、簡単なものなら蓋を開けるようになります。

ワンポイントアドバイス
―いたずら？　発達？　どこまで許すのか―

子どもが動き回るようになり、部屋を散らかすようになると、「どの程度それを許すか。いけないことはいけないと教える必要はないか」と、悩む保育者もでてきます。しかし、9か月や10か月のあかちゃんに強い制限をすると、あかちゃんは精神的なストレスを高めて、夜泣きをするようになったり、異常に人を恐れたりするようになります。物事の善し悪しが分かるようになるのは、幼児期後半以降です。それまでは、できるだけ活動は活動として保障します。

ティッシュを散らかされたくないなら、あかちゃんの手がとどかないところに置きます。衣類を出されたくないなら、タンスはしっかり閉めておきます。その代わりに、子どもが関心を向けられる遊びの環境を、玩具などでつくってやります。保育者も身体を動かして子どもと遊んでやります。そうすれば、余計な制限をしなくてもよくなります。

こんな遊びをとおして、あかちゃんはものごとの深みもつかむようになってくるわけですが、一方では、玩具の中まで見たくて、せっかくの玩具を壊してしまったり、危険物が入った器を開けてしまったりすることもあります。まだ手にした物をよく口に入れますから、薬品をはじめ危険な物は、容器に入っていても、子どもの手の届くところに置かないように気をつけてください。

② 紐つき玩具

　10か月半を過ぎると、紐つき玩具で紐を引っぱって遊んだり、吊して遊んだりすることもできはじめます。木製の車の玩具などに、30〜40センチほどの紐をつけてみてください。あかちゃんは紐で車を動かします。

③ 生活の模倣

　10か月後半〜1歳前後になると、大人の使う道具などにも、ずいぶん関心をもつようになり、箒で掃くまねをしたり、食器で遊んだりしはじめます。数枚固めてですが、本のページもめくりだします。

　保育者があかちゃんの前で、お茶碗とスプーンを持ってお人形に食べさせるまねをしてみてください。お茶碗とスプーンを渡すと、あかちゃんも人形に食べさせようとします。あかちゃんと人形と保育者で、食事遊びの始まりです。

　安全なもので玩具代わりに使ってもかまわないものなら、できるだけ子どもが触れてもいいようにして、生活を模倣した遊びもいっぱいしましょう。

生活の模倣の一つ「食事遊び」の様子

🌱 4 ● 変化する素材で遊ぶ 🌱

1 紙で遊ぶ

　ガラガラをふったり、積み木の塔を崩したりして遊ぶようになったあかちゃんは、柔らかい包装紙や、新聞紙などでの遊びも大好きです。触れたり、つかんだりすると、音や形が容易に変化する遊びの素材は、あかちゃんの外界への関心を一層高めていきます。

紙状のものを引き裂けるようになる

　7か月頃、うつ伏せで遊ぶあかちゃんの前に柔らかい包装紙を出すと、あかちゃんは包装紙を両手でまるめ込むようにして遊びます。1人で遊ばせておくと、あかちゃんは紙を口に入れるので、保育者も一緒に遊びます。紙を次々にまるめて、グチャグチャになった紙がいっぱいできると、保育者がそれに隠れて「いないいないバー」をしたり、まるくなった紙を這い這いで追いかけて遊んだりもします。

　9か月頃になると、それまでは紙をまるめていたあかちゃんも、両手で紙をつかんで引き裂くようになります。初めのうちは手のひらで引き裂く感じですが、10か月〜11か月になると、指先で紙をつまんで破るようになります。この頃には、破ったものを箱に入れることもできはじめます。

2 水やお湯で遊ぶ

　腹這いでの遊びがしっかりしてくる7か月頃から、あかちゃんは水遊びやお風呂遊びもできるようになってきます。夏の晴れた日は木陰にミニプールを出して、4〜5センチの深さに水をはり、腹這いやお座りで、保育者と一緒に遊びます。あかちゃんの水遊びやお風呂遊びのときは、必ず大人がそばにいて、あかちゃんが水に顔を

浸けないように気をつけていてやります。小さい子に子守を頼んで、大人が少しでもその場を離れると危険です。

　6か月になると、プールに腹這いにしても、しばらく頭を上げて遊べるようになります。7か月～8か月頃には、玩具が浮かんでいると、玩具をとりにいったり、水をたたいて遊んだりと、遊びに動きや広がりがでてきます。8か月後半頃からは、次第にお座りや四つ這いでも遊べるようになります。

　お風呂でも、玩具や桶を浮かべてやると、あかちゃんは喜んで遊びます。しかし、お風呂ではたのしくても、脱水症状などを起こしますから長湯になってはいけません。6か月～1歳までのあかちゃんが、お湯に浸かっている時間は、長くても10分ぐらいまでにします。

　ミニプールの場合は、少し長くなってもいいですが、唇の色が変わるようでしたら、早めにあげます。お風呂に入ったり、プールに入ったりした後は、水分補給にも気をつけてください。

　プール遊びができない季節でも、天気のいい日には、温かい庭先などで水に触れる機会をつくります。まだ腹這いしかできない子は、お盆のような浅い器に水を入れて、手を浸けたり、小さなバケツに入った水をこぼしたりして遊びます。お座りや四つ這いができるようになると、少し底の深い洗面器や、小さいバケツ、お椀などを準備してやります。水道の水が洗面器に落ちるようにしておくと、1歳頃にはお椀で受けることもできるようになります。

腹這いの子の水遊び

③ 土や芝に触れる

あかちゃんは、腹這いや四つ這いができるようになると、土や石ころ、芝などにも触れるようにします。この時期は小さな石や、草などを口に入れるので、外で遊ぶときは目が離せませんが、土の上や芝の上で這ったり、石ころをつかんだ

お座りの子の水遊び

りして遊んでいない子は、1歳を過ぎて本格的に外遊びをして欲しい時期に、汚れることを嫌ったり、外に出るのを恐がったりすることがあります。

土や砂でままごと道具などを使って遊べるようになるのは、1歳半頃からですが、それまでのあかちゃんでも、這えるようになると、ときどき土などに触れるようにします。しかし、まだ腹這いしかできない子を急に土や芝の上に這わすと、刺激が大きすぎて泣きだすことがあります。初めのうちはゴザなどを敷いて遊んで、その上から土や芝に触れるようにします。土に触れると、感触をたのしむだけでなく、石をつかんでみます。小石の入った器をひっくり返してみます。芝の上では、葉っぱを見つけて、ちぎってみます。

ゴザを敷いて遊んで、その上から土に触れる

四つ這いができるようになると、初めは膝が隠れるズボンをはいて、少しずつ土や芝の上に這い出してみます。保育者と抱き合って、芝の上で転がってみます。器に小石を入れたり、出したりもしてみます。

第3章

幼児期初期の子どもと育児

四つ這いからつたい歩きをするようになり、
やがて直立で二足歩行を可能にしていく子どもたち。
手の延長上には道具の操作が始まり、言葉を発し、
ダダをこねて自分の意志を主張する……。
1歳～2歳にかけては、あかちゃんの時代を踏み台にして、
直立で活動する人間生活の基礎的な力を芽吹かせ、
形成していく時期だといえるでしょう。

① 歩行の獲得と移動の自由の広がり

1歳になると、1年の早産だといわれるヒトの子も、自分の足で立ち、言葉を使い、道具を使って活動するようになります。1の字を描いて立ち、自分の意志で目標に向かって指をさす。そんな1歳児の中に、やがて幼児の世界の主人公となっていく子どもの姿を見ます。

1 ● 歩行の獲得

1 高這い

床に下りると四つ這いで移動し、台があるとつかまって立ち、低い段差ならよじ登る。1歳前後になると子どもは、こんな動きをいっぱいしながら、人や物と関わって遊びます。

四つ這いで活発に遊べるようになると、外に出て、きれいな土や芝の上でも這ってみましょう。初めは床と同じように手のひらと膝で這いますが、次第に膝を地面につけないで、手のひらと足の裏の指先側で這うようになります。高這いです。1歳になると、室内でも少しずつ高這いで這うことが多くなります。

緩やかな芝の斜面を高這いするあかちゃん

1歳1か月〜2か月になっても高這いをしない子には、家の近くで安全に遊べる土手などを探して、斜面を這い上る遊

びをしてみます。土手などがなければ、室内に斜面をつくってやってもいいです。斜面を這い上ることで、子どもは蹴る力を強め、四つ這いから高這いに変わっていきます。

　高這いがしっかりしてきて、平面でも高這いが見られるようになると、子どもはその姿勢から両手を突き放して、立つようにもなります。このとき、つかまり立ちや、つたい歩きでよく遊んできた子は、下肢で上半身のバランスをうまくとりながら、しばらく立っていられます。

2 手放しでのひとり立ちから一歩

　左右につたい歩きができて、つかまり立ちから瞬間的に手を放したり、高這いの姿勢から立ち上がったりするようになると、やがて子どもは歩行を始めます。

　まず、子どもが手放しで立つことができたら、周りの人たちも一緒に喜んでやりましょう。一緒に喜んでやることで、子どもは立つことに自信をもち、おもしろくて、床に尻をついても、手をついても、何度も何度も立つことに挑戦するようになります。

　しかし、子どもの中には怖がってなかなか立とうとしない子もいます。なかなか立とうとしない子の多くが、まだ下肢の筋力が十分でなかったり、立位を調節する

徐々にハイハイからお座り、そこから立ち上がれるようになっていく

バランス感覚などが十分に発達していない子です。そんな子については、「まだ立たない」と心配したり、「早く立たせなきゃ」とやっきになるのではなく、もっとつかまり立ちやつたい歩きで遊んだり、四つ這いで斜面を登り降りするなど、全身を動かして遊ぶ機会を増やしていきます。生活や遊びの中で自然と起こるつたい歩きや斜面などでの四つ這いや高這いが、立位に必要な筋肉や、バランス感覚などを整えていくのです。その子がまだ1歳4か月～5か月頃であれば、まったく焦る必要はありません。

　歩きだす頃には、よく椅子を押したり、ものが入った箱を押したりして遊びますが、こんな遊びも足腰の力や腕の力をつけていきます。

　つかまり立ちや高這いの姿勢からひとりで立てるようになると、今度は歩行です。乳児期をたくましく育ってきた子は、1歩、2歩、と足を出しては、バランスを崩して床に手を突き、また立ち上がり……と、歩行に向かっていきます。多くの子は最初の1～2歩が出てから4～5歩が出だすまでには数日かかりますが、4歩をこえるようになると、まもなく歩きだします。

３ スタンプ歩行から、煽り歩行へ

　2つの足で歩きだしたばかりの頃は、両手でもバランスをとりながら、よちよち歩きます。片足で体重が長く支えられないので、膝は高く上がらず、足の裏でスタンプをおすように歩くことから、この時期に見られる歩行を「スタンプ歩行」といいます。

　1歳半を過ぎて、片足で体重が支えられるようになってくると、歩行時の膝は

スタンプ歩行

高く上がるようになり、バランスをとっていた手は体側に下ります。歩幅も広がります。上がった足は踵から着地して、重心を前方に移動させながら足先で蹴るようになります。足首に煽り運動が見られるこんな歩行を「煽り歩行」といいます。1歳半～2歳にかけて、子どもの歩行は、スタンプ歩行から煽り歩行に変わってきます。

煽り歩行

 腹這いや四つ這いの再学習

　1歳児は歩くようになっても、土手の斜面や公園の階段などにいくと、四つ這いになって上ろうとします。歩きだしてからも、斜面などにぶつかることによって、あかちゃんの時代の運動にもどり、直立二足歩行に必要な基礎的な力を強めていくの

ワンポイントアドバイス
―土踏まず―

　スタンプ歩行をしている子どもの足は、両足先がやや外向きで、足の裏全体が床についています。抱っこして足の裏を見ると、土踏まずもあまり形成されていません。足先が外に向いて、土踏まずの方まで床につくのは、足腰の力がまだ弱くて、股関節を開きぎみに歩くからです。

　片足で身体が長く支えられるようになり、歩行時の膝が高く上がるようになると、足先は真っ直ぐ前に向くようになり、踵で着地して足先で蹴るようになると、やがて土踏まずもできてきます。

です。歩けるようになった1歳以降も、身体を使った遊びの中で寝返りや腹這い、四つ這いなどがたくさんできるようにしていきましょう。とりわけ、あかちゃんの時期にあまり這わなかった子、片方への寝返りしかしなかった子、這うときに手足が交互に出なかったという子などは、意識的に斜面や土手などで遊びましょう。2歳を過ぎてもリズム遊びなどで、こうした運動を保障していきます。

ワンポイントアドバイス
－斜面を這おうとしない子－

あかちゃんの時期にあまり這わないで早く歩きだした子や、腕を突っ張る力がない子は、歩きだすとなかなか這おうとしません。それでも、四つ這いや高這いは、斜面でやったり、リズム遊びの中でまねっこをしたりすることがありますが、寝返りや腹這い運動になるとまねっこも難しく、1歳児にどうやってこれらの再学習を保障するかは悩むところです。

私は家でやれる遊びとして、次のようなことをすすめてきました。

朝、床を上げるときに四つ折りにした掛け布団を3、4枚重ねてお布団の山をつくり、その上に子どもを乗せて遊びます。仰向きに乗せて、保育者が右から誘うと右に寝返り、左から誘うと左に寝返ります。全身が布団に沈むので、子どもは意識的に力を入れて寝返ります。誘う方向に気をつけると、寝返る力の左右差が直せます。

今度は、お布団の山でうつ伏せになった子どもを前方に誘います。柔らかいものの上では、四つ這いや高這いになれないので、体幹も使って全身で進もうとします。しかし、あかちゃんの時期にあまり腹這いをしなかった子は、手足がうまく動かせなくて、なかなか前に進めません。そんなときは、前からお布団を押さえつけながら、手が交互に出せるように誘導します。うまく這えるようになってくると、追いかけごっこなどをして遊びます。

2・歩行へのアプローチ

　1歳のお誕生日近くになって、子どもが大人の身体にしがみついて立ったり、台につかまってつたい歩きをしたりし始めると、周りの人はいつ歩くだろうかと、期待に胸を膨らませます。

　「歩く」ということだけでいうと、私たち人間は歩くことを可能にする遺伝子をもっているわけですから、極言すれば、障害などがない限り、あかちゃんの時期に腹這いや四つ這いをしなくても、歩けるようになります。

　しかし、腹這いや四つ這いは、歩行で使う筋肉群や、身体の立ち直り反応、バランス感覚などを培い、動作の協応性、協調性などを育てていきます。腹這いや四つ這い、つたい歩きを充分にした子は、歩き方が安定し、その後の動きにも器用さがでてくるのです。また、運動面だけでなく、内面の発達にも影響し、気持ちの立ち直りや切り替え、物事への集中力なども高めていきます。したがって、歩くようになる前に腹這いや四つ這い、つたい歩きなどをすることはとても大切です。

　子どもが歩きだす時期には個人差があり、生まれつき筋肉の柔らかい子などは、1歳半頃になったりしますが、障害などがない限り歩けるようになるわけですから、保育者は「子どもを早く歩かせよう」と焦ってはいけません。

1 歩行器は使わない

　まだ歩くことができない子に、歩行器を使わせるのはどうでしょうか。確かに歩行器で歩く練習をしていると、早く歩けるかも知れません。しかし、その歩き方は足先に体重をかけた歩行になりやすくなります。歩行器での歩行は、足底全体を床につけたスタンプ歩行や、踵から床につけていく煽り歩行ではありません。つま先で床を蹴って進む歩行です。それに第二章第2節2で紹介したように、つたい歩きとは違い、歩行器を押しての歩行は、骨盤を直立に支えるお尻の横や後ろの筋肉を

あまり使いません。後述しますが、これを続けていると一人で歩くようになったときに、お尻を少し後ろに突き出した、いわゆる「緊張性歩行」に近い歩き方になっていきます。

　子どもは椅子を押したり、重さのある箱を押したりして遊ぶ中でも、歩行に必要な力をつけていきますが、車輪がついた歩行器での歩行は、お尻の横や後ろにそれほど力を入れなくてすみます。腕にも力を入れる必要がありません。身体に障がいなどがあって特別な補助や介助がいる子なら別ですが、速く歩かせるために歩行器を使わせるのはすすめられません。

②支持歩行

　保育者が子どもの前に立って、両手をとって歩かせるのも歩行器歩行と同じです。

　それでは、後ろから両脇や腰を支えて歩かせるのはどうでしょうか。子どもの身体は知らず知らずに怖がって防衛反応を起こします。全身に力が入って、かえって歩くのが遅くなります。

3・緊張性歩行と、非緊張性歩行

①緊張性歩行

　まだ床に上手に立てないのに、身体を前のめりにして足先で歩きだしてしまう子がいます。こうした子の多くは、あかちゃんの時期から腹這いや四つ這いをするよりも立ちたがり、1歳頃までに歩いてしまいます。そして1歳半を過ぎても煽り歩行にならず、踵を浮かしぎみに歩きます。これを「緊張性歩行」といいます。立つのも足先で立つので、じっと静止していられず、「落ち着きのない子」といわれるようにもなっていきます。緊張性歩行になりやすい子には、あかちゃん期から次のような様子が見られます。

緊張の高い子の特徴

- 身体が硬い
- よく突っ張る
- 寝つきが悪い
- 甲高に泣く

　緊張の原因は、生まれつきのもののこともありますし、生まれて以降に受ける強い刺激や、育児環境などから受けるストレスなど、さまざまです。いずれにしても神経的な緊張が高まると、運動筋も収縮して、身体には次のような状態が表れます。

緊張の高い子どもが立ったときの特徴

- お尻を軽く後ろに突き出し、腰部は前方に入って背中は少し丸まりぎみ
- 上肢は軽く内転して、やや肘を曲げ、手先は下垂ぎみ
- 下肢は軽く内転して、やや股関節と膝を曲げ、足先を内に向けて踵を浮かしぎみ

　どうしてこうした立位姿勢になるかというと、体幹部は広い筋肉の多い胸やお腹側の筋肉（屈筋群）より、長くて強靭な筋肉が多い背中や腰の筋肉（伸筋群）の方が強く収縮するためです。その結果、背中の下部から腰部にかけて後ろに反ります。上下肢は、手足を曲げたり、内転させたりする筋肉（屈筋群）の方が、腕や膝を伸ばしたり、指を開いたりする筋肉（伸筋群）より長くて大きいので、そちらに強く引かれるのです。

　緊張性歩行で早い時期に歩き始めた子は、遊びの中で四つ這いになるような動きを取り入れたり、金魚運動で緊張を取るようにするなどの工夫をしましょう。

ワンポイントアドバイス
―片手支持歩行―

　左右につたい歩きはするのに全身の筋力が弱くて、1歳半になっても歩けず、どうしても介助が必要だと思われる子どもには、片手をつないで歩かせます。

　片手をつなぐときは、保育者が子どもの腕や手を一方的に握ってはいけません。手を握って立たされ、さらに歩かされると非常に怖いのです。手つなぎをするときは（歩きだしてからの手つなぎも同様ですが）、保育者が子どもの横に並び、必ず保育者の人さし指か、人差し指と中指を子どもに握らせます。その上から保育者の親指と薬指、小指で子どもの手を包むようにそっと握ります。保育者の指を握って子どもが立ったとき、保育者が子どもを支えようと、つないでいる手に力を入れてはいけません。保育者が力を入れなければ立っていられないようでしたら、まだ片手支持歩行をするのは早いのです。もう少し四つ這いや、高這い、つたい歩きなどで力をつけてから支持歩行をします。

　子どもが保育者の指を握って立ったとき、自分でバランスをとって立っているようでしたら、横に並んでゆっくり歩いてみます。片手だけを支えた歩行なら、子どもは自分でバランスをとりながら歩きます。歩行感覚や、歩行に必要な筋力なども身につけていきます。子どもが一歩、一歩、足を出すようになると、今度は反対の手でも歩いてみます。

　手つなぎで子どもが安定して歩けるようになると、ハンカチや紐の両端を持ち合って歩いてみましょう。ものを媒介に保育者と歩けるようになれば、子どもは歩くことに自信がつき、やがて手をつながなくても歩くようになります。

　歩くようになった子どもの中には、左右の足に均等に体重をかけずに歩いている子もいます。そんな子の踵を見ると、左右の大きさに違いが出てきています。左右差が顕著な子は、身体を傾けて歩きます。そうした子の多くが、寝返りの時期に片方にしか寝返らなかったり、腹這いの時期に片足しか動かさなかったりした子です。そんな子には、体重があまりかかっていない足の方に保育者が回り、そちらの手をつなぐようにします。手をつないだ方の足が軸足になるので、苦手な方の足にも体重がかかるようになって、左右差が改善されてきます。

② 非緊張性歩行

　心身に余分な緊張をつくらずあかちゃん時代を過ごしてきた子どもが初めて立つときは、股関節を少し開きぎみにし、両足先をやや外側に向け、土踏まずを床につけるようなかたちで立ちます。

　全身の筋肉にまだしっかりと力がついていないこの時期は、（異常緊張などがない場合）短い筋肉より長い筋肉の方が関節を締めにくいので、股関節は長い筋肉が多い内側の締まりが弱く、外転して開きぎみになり、足首ではふくらはぎの締まりが弱いので、土踏まずが床に着くのです。股関節が外転して足先が外に向く状態を外反、土踏まずがなくて足の裏が平らな足を扁平足といいます。こうした状態は柔らかい

ワンポイントアドバイス
―内反・尖足とは―

　股関節で内側の筋肉が収縮して腿が内転し、足先が内に向く状態を「内反」といい、ふくらはぎの筋肉が収縮して足が底屈し、踵が浮くようになった状態を「尖足」といいます。

　健常で生まれた子どもは、脳性麻痺のある子どもたちのように、完全な内反・尖足になることはありません。しかし、神経的な緊張の高い子はこうした傾向を示して、歩行時も内股ぎみで、足先に体重をかけた歩き方になります。

　内反・尖足になると腰を軽く振りながら足先で歩くため、よくつまずき、転んでも、上肢が屈曲内転位をとっているので手が前に出ず、思わず顔などを打ってしまうため、注意が必要です。

外反

筋肉の子ほど顕著に見られ、ダウン症の子の多くや、非緊張性麻痺の子などは、はっきりとした外反・扁平足を示します。

しかし、外反・扁平足ぎみであっても、障害をもたない子どもの場合は、特別に心配することはありません。たくさん歩いたり、斜面を這い上ったりして遊ぶことで筋力が強まると、外反でなくなり、煽り歩行が始まると土踏まずもできてきます。

ワンポイントアドバイス
― 筋肉は硬い方がいいの？　柔らかい方がいいの？ ―

　一般的にいって、男性の筋肉が女性の筋肉よりやや硬いように、運動筋の硬さには個人差があります。運動でいうと、筋肉は関節を動かすバネの役目をします。生まれつきに硬めの筋肉をもった子は、動きが敏しょうになるし、柔らかい筋肉をもった子の動きは、緩やかになります。

　また、柔らかい筋肉は、身体を支える力も弱いので、首のすわりや、四つ這いの時期が遅くなったり、歩行獲得の時期が遅くなったりします。

　それでは、筋肉の柔らかい子は不利なのでしょうか。いいえ、そうではありません。柔らかい筋肉は硬い筋肉のような瞬発性はないかも知れませんが、力がついてくると、柔軟性、持続性に富んだ、しなやかな運動ができるようになります。硬くても、柔らかくても、その子の個性を形成していくという面から見ると、大事さは同じなのです。

4 ● 移動の自由の広がり

1 走る、跳ぶ

2歳頃になり、歩く力が強くなって、500メートル、1kmと散歩ができるようになると、走ることもできるようになります。足で大地を蹴って、一瞬身体を宙に浮かすのです。

① 両足跳び

2歳を過ぎると「走る」以外でも身体を宙に浮かす様子は、いろんな場面で見られるようになります。

リズム遊びをしながら、保育者が子どもの前でピョンピョン跳んでみてください。2歳を過ぎたばかりの子は、両足がそろいませんが、ピョンと一回、身体を浮かすことができるようになります。

段差から飛び降りたり、四つ這いになって段差を降りたりする1歳児

2歳半頃には、両足をそろえて数回連続跳びができ、跳びながら前進することもでき始めます。また、20センチほどの高さから、足をそろえて飛び下りることもできるようになります。

② 跳び越え

雨上がりの散歩道で、小さな水たまりを跳び越えてみましょう。保育者が跳び越えると、子どもも跳び越えようとしますが、2歳過ぎの子ではまだうまくいかず、持ち上げた足を水の中に入れてしまいます。ピチャッと水が飛び散るとおもしろく、子どもは次々に水たまりを踏みつけながら歩きだします。

しかし、2歳半になると、水たまりを跳び越えることができるようになります。

表6　斜面を下るときの様子

月齢	様子
1歳半前	●下りるときにも頭の方から這い下りようとするので、緩やかな斜面に導いてやらないと下りられない
1歳半過ぎ	●少し急なところでも、お座りの姿勢のまま、お尻で滑りながら下りるようになる
2歳過ぎ	●お尻でなくしゃがんだ姿勢になり、手をつきながら足を使って下りはじめる
2歳半過ぎ	●小走りで登ったり、降りたりすることもでき始める

斜面や階段の上り下り

　1歳児は歩けるようになっても、土手の斜面や階段にいくと、あかちゃんのときの四つ這いや高這いにもどって上り下りしました。しかし、2歳頃からは、斜面でも2つの足で上り下りするようになります。

① 幼児期初期の子と斜面

　幼児期初期になったら、積極的に勾配30度ぐらいの安全な斜面で遊んでみましょう。1歳児は四つ足になって登りますが、2歳を過ぎると立ったまま登るようになります。

　斜面を下るときは、月齢によって表6のような様子を見せます。

② 幼児期初期の子と階段

　幼児期初期の子が階段を上るときや下りるときは、表7、表8のような様子を見せます。

　2歳になっても、階段などでの歩行は大人の目が必要です。くれぐれも転倒などには気をつけてください。保育者が傍について上ったり、下りたりしましょう。

表7　階段を上るときの様子

月齢	様子
1歳9か月頃	●緩やかな階段なら立ったまま上ろうとするようになり、片側の手すりに両手でつかまって、一段上っては両足をそろえ、また一段……と、身体を横にして一段一段上っていく
2歳過ぎ	●片手で手すりを持ち、身体を前向きにして交互に段を踏みながら上るようになる
2歳半	●手放しでも上ることができるようになってくる

表8　階段を下るときの様子

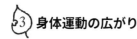

月齢	様子
1歳児	●手すりがあっても怖くて立てず、お尻をついて一段一段下りる
2歳過ぎ	●緩やかな階段なら手すりを持って下りるようになる
2歳半	●手すりを使わずに降りたり、階段の最下段から飛び下りたりするようになる

③ 身体運動の広がり

　1歳児はスタンプ歩行から煽り歩行へ、駆け足へと、平地での歩行の自由を広げ、2歳を超えると、手放しで上る、降りる、跳ぶなどと、高さに対しても自由を広げてきました。2歳半頃になると、ピョンピョン跳びながら前に進む、走って止まり・また走る、手を広げて走る、こんな「2つの動作の組み合わせ」も自由になってきます。

　しっかり歩けるようになった2歳半児は、広い戸外に出て、斜面を走ったり、段差を飛び降りたり、水たまりを跳び越えたり……と、全身を使った遊びをたくさんしましょう。

　また、歌をうたいながら歩いてみましょう。手を振って膝を高く上げて歩いてみましょう。でこぼこ道やあぜ道も歩いてみましょう。膝を上げて歩くことで踵が着

地し、尖足歩行の子も煽り歩行になってきます。ウサギになって跳ねる、飛行機になって走る、おじいさんになって歩いてみる……、リズム遊びもたくさんしてください。

　片手に網、もう一方の手にバケツを持って、オタマジャクシをとりに出かけるのもいいでしょう。すっかり幼児体型になって歩きだした2歳半児には、もうあかちゃんっぽさはありません。

② 言葉の獲得と社会性の育ち

子どもが1歳のお誕生日を迎えると、周りの人たちは「この子がいつ歩くだろうか」と期待に胸を膨らませ、よちよち歩き始めると、今度は「言葉はいつだろうか」と待ちわびます。言葉は私たちが社会生活を送っていく上でとても大切な手段ですし、思考活動をする上でも大切です。そして、それは社会との触れ合いの中で育っていきます。

1 ● 認識の広がりと言葉の獲得

1 客観的な認識の世界の芽生えと言葉

子どもは11か月近くになると、台に這い登っても、頭から落ちないように、手で高さを探って降りるようになります。離乳食が入ったスプーンは、柄の方をとりにくるようになります。外界を「間」をもって見はじめ、客観的にとらえたり、操作したりする力が生まれてくるのです。こんな様子は、対人関係の中でも見られるようになります。

「あれ、なぁに？」と、子どもの前で指をさしてみてください。10か月頃までは保育者の指を見たり、顔を見たりしていますが、10か月を過ぎると指が示す方向を見はじめます。「間」をもって、相手の示すものをとらえることができるようになってきているのです。

1歳前には、自分からも手をさしたり、指をさしたりするようになります。

② 理解語

「間」をもって見ることができるようになると、物事が客観的にとらえられるようになります。そして、言葉の音声記号としての部分も聞き分けられるようになり、その中にこめられた意味も分かりはじめてきます。

子どもは、既に5か月頃から、身近な人たちの具体的な動きなどに意味を感じはじめます。例えば保育者が授乳の準備をしはじめると喜んだり、保育者が遊ぼうとすると期待したりするようになります。しかし、言葉などの意味が聞くだけで分かるようになるのは、10か月半頃からです。

この頃の子に、「バイバイは？」とか、「ちょうだい」などと話しかけると、動きをまねなくても、言葉を聞くだけで手を振ったり、差し出したりします。

③ 模倣から意味づけへ

身近な人の動きに意味を感じるようになると、その動作をまねして、自分の内にも取り込もうとするようになります。しかし、自分自身の身振りや動作をよりはっきり意識して、それらに意味づけができ出してくるのは、やはり10か月半頃からです。

ぬいぐるみに食べさせるまねをする様子

この頃から子どもの活動は、いろんな場面で意味を帯びてきます。自分のすることに「意図」や「思い」が込められるようになり、活動全体が目的的になってくるのです。

11か月頃の子の近くにお人形かぬいぐるみの動物を座らせて、保育者が人形に話しかけながら食べさせるまねをしてみてください。子どもがそばに寄って

きたら、スプーンを渡してみましょう。あたかも自分が保育者になったかのように、スプーンを人形の口に近づけて、遊びを継続していく様子が見られます。動作に意味づけができはじめてきているのです。

やりとりできる関係

　言葉は、その意味が分かるようになったり、発語できるようになったりしても、それだけでは話せません。自分と相手との間で、ものをやり取りするような力も育ってきていなければいけません。

　指さしがはじまった１歳過ぎの子の前に、保育者が布鞠などを転がして「ちょうだい」と言ってみてください。子どもは投げ返してきます。投げると、投げ返す……。まだこうした遊びができない子に言葉を教えても、言葉をコミニケーションの道具として使うことはできないのです。

ワンポイントアドバイス
―音節喃語―

　お人形に食べさせて遊ぶ子どもの口からは、人形に話しかける声もたくさん出ています。１歳前の子どもには、まだ大人が話すような話し言葉はありません。それでも、あたかもお話しをしているかのような音節で、お人形に喋りかけています。

　豊かになってくる喃語は日々、子どもが接する人たちの国語の語り口調を取り込んで、10か月過ぎから音節のある喃語になってくるのです。そして、次第に、その音節喃語に、意味も込められるようになってきます。

　やがて、自ら特定のものにしっかりと指さしができてくる１歳頃には、「まんま」や「ワンワン」などといった、初期の話し言葉「一語文」が聞かれるようにもなってきます。

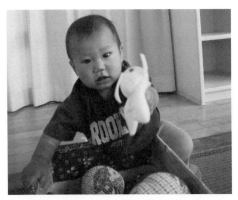

「はい、どーぞ」をするあかちゃん

このように、1歳になって出てくる話し言葉も、ただ月齢が満ちたから出てくるのではありません。あかちゃんの時期からの発達が土台になって出てくるのです。それと併せて、子どもが言葉を話すようになるには、楽しい遊びや生活が保障され、自分の内に伝えたいことが膨らんできていなければなりません。また、子どもが心を開いて「この人に伝えたい」「あの人に話したい」と思えるような人的環境も保障されていなければなりません。

2 ● 客観的な認識の世界の分化と言葉

1 定位の指さしと一語文の発現

　子どもは1歳のお誕生日を迎えると、「自分は1歳だ」とでも言うかのように、人さし指で一の字をつくって指をさしはじめます。その指先は、単に方向性を示すのではなく、特定の物をさしています。客観性をもって対象がとらえられるようになってきたのです。

　部屋で遊んでいて食べ物を見つけると、それに指をさして、「あった」と知らせます。戸外で犬を見つけると指をさします。手さしや指さしで、そのものがある方向を示す指さしを「志向の指さし」というのに対して、特定のものをさす指さしを「定位の指さし」といいます。

　定位の指さしが出てくると、「まんま」や「ワンワン」といった一語文も出はじめます。しかし、1歳～1歳5か月頃までの子どもの一語文は、ご飯を見てもパンを見ても「まんま」ですし、犬を見ても猫を見ても「ワンワン」です。対象である物

ははっきりと認識できはじめても、その対象の中身までまだ分化してとらえることができないからです。

しかし、楽しい遊びや散歩の中で、「あった」と定位の指さしが広がり、「まんま」「ワンワン」「ちゃーちゃん」「ブーブー」などと言葉が広がってくると、やがて「ワンワン」の中にも、「ワンワン」や「ニャンニャン」がいることがわかってきます。

②可逆の指さしと一語文の広がり

1歳半を過ぎた子の前に父親と母親が立って、「パパはどっち？」と尋ねてみてください。1歳4か月頃にはあいまいだった指さしも、この頃には確実にパパに指をさすようになります。このように「〜ではない、〜だ」と選んでさす指さしを「可逆の指さし」といいます。

次に、「おめめはどこ？」「お鼻はどこ？」「お口は？」と尋ねていってみます。1歳4か月頃には、これらが顔にあることが分かりだしてきていて、指を顔の辺りに触れますが、1歳半を過ぎた頃からは、確実に目や、鼻、口をさすようになります。同じ顔にあるものでも、目と鼻は違い、目と口は違うということが分かってくるのです。対象を一面的に見ていた子が、「これではない、これだ」というふうに見るようになったのです。すなわち、客観的に認識できる世界が一面的だったのが、少しずつ分化して、ものを比較的にとらえることができるようになってきたのです。こうなると、ご飯は「まんま」、パンは「パン」、犬は「ワンワン」猫は「にゃんにゃん」などと言うようになり、一語文が急激に広がってきます。

③対の指さしと二語文

外界を、「〜ではない、〜だ」ととらえることができるようになった子どもは、その後、1歳9か月〜2歳になると、対になったものや対になった世界が、具体物でかなりはっきりとらえられるようになってきます。

表9　指さしと言葉の関係

月齢	指さしの種類	指さしの内容	言葉
10か月半～	●指向の指さし	●そちらの方向に手をさす	●音節喃語：対象に語り掛けるような喃語になってくる
1歳～	●定位の指さし	●対象物に人差し指をさす	●一語文が出てくる ●犬を見ても猫を見ても「ワンワン」という
1歳半～	●可逆の指さし	●「ワンワンはどっち」というように、対象物を選んで指をさす	●一語文が増える ●犬は「ワンワン」、猫は「ニャンニャン」になる
1歳9か月～2歳	●対の指さし	●ここに耳、こちらにも耳といったように、対になったものを一つの指で交互に、あるいは二つの手の指で同時にさす	●「ワンワン 行った」などと、二語文が出てくる

　2歳頃の子に、「おめめはどこ？」と尋ねて、右目か左目のどちらかの目を指さすと、今度は「もう1つは？」と聞いてみてください。この頃になると、子どもはもう1つの目にも指をさします。「耳は」と尋ねても、同じようにします。このように、1つの目や耳を指さし、その指でもう1つある同じものを示したり、2つの手で同時に2つの目や2つの耳などを示す指さしを「対の指さし」といいます。「○○ちゃんの目はどこ？　じゃあ、お母さんの目はどこ？」などにも応えられるようになります。2つのものや、対になった世界が見えはじめてきたのです。

　2つのものが分かるから、2つの単語を使って「まんま ちょうだい」とか、「ワンワン 行った」などと、二語文で話すこともできるようになります。

　この2歳前後から、「おっきい・ちっちゃい」とか、「熱い・冷たい」などといった対の意味をもった言葉や、「あっち」といった方向を示す言葉なども、具体的な活動の中で子どもの口から出てくるようになります。

54「ワンワン」から「いぬ」へ

　2歳半頃には、音節や単語がとらえられるだけでなく「音韻」、すなわち単語を構成する1音1音も、短いものならとらえられるようになってきます。これまで、「ワンワン」や「ニャンニャン」「ブーブー」などと繰り返し音で表現していた単語も、この2歳半を前後して、次第に「いぬ」「ねこ」「くるま」などと大人と同じような発語に変わってきます。

　長い単語はまだうまく言えなかったり、唇や舌の機能なども未発達なので「さ行」や「た行」などはうまく発音できない音もありますが、3歳〜4歳になるに従って発音も上手になってきます。

ワンポイントアドバイス
― 多語文 ―

　2つのものが見えるようになってくればくるほど、一つひとつも、さらにはっきりしてきます。言葉においても、音節や単語がより客観的にとらえられるようになってきます。そして、話す言葉は、助詞が出てきたり、単語を3つ、4つとならべた多語文になってきたりします。

　2歳3か月頃の子が話している言葉を聞いてみましょう。まだ使い方などには間違いがあっても、助詞がたくさん出てきているし、単語もいっぱいでてきています。

第3章　幼児期初期の子どもと育児

3 ● 言葉の内実と概念化

1 言葉の内実

　外界の対象を比較してとらえたり、対になった世界が分かりはじめてきたりすると、一語文が広がったり、「大きい・小さい」などといった、対になった言葉が出てきたりするだけでなく、言葉の内実（深み）もしっかりしてきます。

　言葉は単なる記号ではありません。同じ「ネコ」という言葉を聞いても、毎日猫と楽しく遊んでいる子の「ネコ」と、猫に引っかかれて嫌な思い出のある子の「ネコ」では、その言葉からイメージする中身は違います。言葉は、その子の日常的な活動を土台にして、体験的な中身を内包したもの、つまり「内実のあるもの」なのです。この内実は、その後の子どもの思考活動にも深い影響を及ぼします。大人が意図的に絵カードなどを使って、内実のない言葉をいくら子どもに入れていっても、言葉を思い巡らして、イメージングしていく世界は貧困なものにしかなりません。また、人の話を聞いてイメージしたり、理解したりしていくことも苦手になります。1歳6か月頃からは、言葉が横に広がるだけではなく縦にも深まってくるのです。

2 言葉の概念

　子どもは、いつも遊ぶ猫、引っ掻かれたよその猫、絵本で見る猫……とたくさんの猫に出会ううちに、2歳を過ぎるとどの猫も「ネコ」であり、その中にはいろんな猫がいるのだという「ネコ」の一般概念を形成しはじめてきます。個人差はありますが、このような概念がしっかりしてくるのは2歳半頃からです。

　大きなおにぎりと小さなおにぎりを子どもの前に置いて、「どちらが大きい？」と尋ねてみてください。こうした具体的なものなら、2歳前後で大小が分かります。

　次に、画用紙に大きな丸と小さな丸を描いて、「どちらが大きい？」と尋ねてみます。2歳頃では、まだどちらが大きいか分かりません。これが分かるのは、2歳半頃から

です。大小が具体的なものでなく、概念としてとらえられるようになってくるのです。

　描かれた2つの線で、どちらが長いか短いかが分かりだすのは、3歳頃です。

③ 見立ての世界

　子どもは、模倣などをとおして1歳前から自分の動作に意味づけしはじめます。1歳半頃になると、年長児などの遊びを見ると、自分もその一員になったかのように行動しようとしはじめます。

　1歳6か月頃の子を、保育園などでリズム遊びをしているお友だちの中に連れていってみてください。初めはじっと見ていますが、やがて自分も体を動かそうとしはじめます。ところが、2歳頃までは年長児たちに無視されたり、その場から去られたりすると、遊びは切れてしまいますが、2歳頃からは年長児たちがいなくなっても、

ワンポイントアドバイス
―2つの数、1つの数―

　概念として、大小などの対になった世界がとらえられるようになった子は、2つの世界をとらえることもできるようになってきますし、「2」の数も分かるようになってきます。

　2つの世界がとらえられるから、「〜してから、（その後に）〜しよう」といった指示も理解できるようになり、1つ前の目標のために頑張ることもできだしてきます。

　2歳半を過ぎた子に「何歳？」と尋ねると、人さし指と中指を立てて、「2歳」と教えてくれます。「2」が言えるだけでなく、2の数が分かってくるのです。

　2歳半を過ぎると、「あちらのお部屋から、コップを2つ持ってきてくれる？」「お菓子を1つだけちょうだい」などといった指示にも、応えることができるようになってきます。

2歳過ぎの子が描いた絵

彼らが使っていた道具や素材を使ってそのイメージを引き継ぎながら、遊びを継続しようとしはじめます。模倣できる人がいなくても、庭に出て水たまりがあれば池に見立てたり、角材の切れ端があれば車に見立てたりして遊ぶようになるのも、この頃からです。

今度は、2歳過ぎの子に、画用紙とクレヨンを用意してみてください。子どもは、まだ不完全ですが丸や線を描き始めています。

その絵を描いているときに、「何を描いてるの？」と尋ねると、子どもは「お母さん」とか「お父さん」「くるま」などといいながら描きます。まだしっかりした形にはなりませんが、子どもは子どもなりにきちんとその絵を見立て、意味づけているのです。

周りの人たちがしていることに意味をとらえ、自分がしていることにも意味をもち、周りの人にもアピールできる……、社会性の育ちです。こうした見立て（意味づけ）は1歳前後から既にみられ始めますが、自閉的な傾向がある子などは、2歳を過ぎてもそういった様子がほとんど見られません。そうした子の遊びには保育者も一緒に入って、同じレベルで遊びながら言葉かけをしたり、意味づけをしたりしていくようにします。

コラム
見立て遊びと、思考活動

　もう30年ほども前のことですが、私がある保育園を訪れたとき、園庭にある石や、木片に、いろんな絵のシールが貼られているのを見つけました。何だろうと、近くにいた保育士さんに尋ねてみると、こんな答えがかえってきました。

　「子どもは2歳半にもなると、見立て遊びができるでしょう。最近の子は、テレビに影響された遊びはしても、どろんこになって園庭いっぱいに山や池をつくって遊んだり、ままごと遊びをしたりすることが少なくなってきました。この石や木片は、子どものイメージや、見立て遊びを助ける道具です」

　確かに最近の子は、実生活や実体験に基づいた見立て遊びをしなくなってきているし、現実に即したイメージの世界や、言葉の内実も薄くなってきているように思います。しかし、見立て遊びができなくなってきているからといって、あるいは言葉の内実が弱くなってきているからといって、それを教えたり、練習したりすることで、それらが豊かになるものではありません。

　言葉の内実や見立て遊びの豊かさを子どもに取り戻すためには、子どもたちをテレビなどの疑似体験の世界から離し、子どもに体験的な遊びや、生活を返してやることです。休みの日に家族で戸外に出かけ、山に登ったり、川で遊んだりして楽しい思いが溢れると、木片を車に見立てたり、土で山をつくったり、水たまりで川をつくったりして遊ぶようになるのです。家族でたのしく料理をしたり、食事をしたりするから、お母さんになったり、お父さんになったりして、ままごと遊びをするのです。

　楽しい実体験があればあるほど、「これが山」「これが道」「川で、ここに橋」……などと、遊びが豊かに展開されていきます。イメージの世界や、思考活動が豊かに展開されていきます。

③ 1・2歳児と生活

　あかちゃんは、10か月半を過ぎると、遊びや生活の面にも変化が見られるようになってきます。それまでは、周りからあやされたり、はたらきかけてもらったりすることで楽しんでいたのに、主客が入れ替わり、自分から声をかけたり、相手の気を引いたりして遊ぶようになります。その内側に「思い」や「意図」が生まれ、自分を主張しはじめるのです。「自我」の誕生です。

　1歳近くになると、行動に「自分で」が生まれてきたように、生理的な面にも次第に「自分で生きる力」が生まれてきます。目に見える骨格や筋肉系だけにではなく、消化器系や循環器系にも、神経系にも、免疫系やホルモン系にも、自立への力が息吹いてきます。

　乳児期をしっかりと歩んできた子どもたちは、これらの力を確かなものにしながら、幼児期へと歩みだしていくのです。

1・食事

① 食事の自立

　あかちゃんの時期から、徐々に離乳食に慣れてきた子は、四つ這いやつたい歩きをする頃になると、大人に近い食事がとれるようになってきます。硬いものを噛んだり、消化や吸収をする力が育ってくるだけでなく、人から口に入れられるのをいやがり、自分で食べようとするようにもなってくるのです。食べることにしても、遊ぶことにしても、自分でやろうとする芽が息吹いてきます。そして、その芽は1歳を過ぎると、大きく育ってきます。

歯の生える時期には大きな個人差があり、まだ歯がない子に硬いものを食べさせるのはよくありませんが、活発に四つ這いなどをして筋力をつけている子は歯茎でもかみ砕けるようになっています。少し柔らかめで、小さく刻んだものが原則ですが、歯が生えていなくても「自分で」と器に手を伸ばし、食べ物をとるようになった1歳児には、もうおっぱいやミルクでなく本格的な食事が必要です。おっぱいやミルクだけでは、消化・吸収機能や免疫機能なども十分に育ちません。

1歳になってもまだまだ手づかみ食べ

　1歳児の食事を見ていると、手づかみで食べたかと思うと、スプーンの先についたものをなめ、また手づかみで食べます。周りには食べ物が散らかり、食器の中のものを半分食べたかどうかもわかりません。保育者はつい、「こぼすから食べさせてあげる」「それはダメ」などと言いたくなります。しかし、自分でやろうとする気持ちや、やることへの自信が膨らんできている1歳児の行動を「ダメ」と否定したり、「そうじゃなくて、こうするの」と矯正していくと、次第に大人の顔色を伺う子、物事に向かうことに自信がない子になっていきます。また、1歳を過ぎても大人が食べさせていると、自分でできることもやらず、やってくれるのを当然のように待つ子になっていきます。

2　1歳児の食事

　1歳を過ぎると、離乳食は次第に大人が食べている食事内容に近づけていきます。

① ご飯

ご飯は、少しやわらかめから始めますが、乳児期後半から離乳食指導をしてきた子なら、病気でない限り、お粥にする必要はありません。戸外でも元気に身体を動かして遊べる子でしたら、1歳半頃には大人と同じ硬さのものが食べられるようになります。

1歳児の食事（例）

② おかず

根菜類や白身魚などの煮物を中心にして、味付けはできるだけ薄くします。

1歳になったばかりの頃だと、少し柔らかめに煮たり、野菜などは小さめに刻んだりする必要がありますが、1歳半を過ぎると、煮るのも、ほとんど大人と同じでよくなります。

ただ1歳児は、初めていろいろな食材を口にしていきます。それに対応した消化の力や、解毒の力、免疫の力などはまだ充分に育っていません。消化しにくいものやしっかりした解毒作用が必要なものなどは、子どもが走って遊べるようになる2歳半頃からにします。例えば、肉は脂を抜いたものから始め、魚肉も脂の乗った青魚などは2歳半頃からにします。また、強い香辛料は、子どもの神経を興奮させることがあります。幼児前半期の子どもにはできるだけ香辛料も避けます。

③ 偏食指導は無理をしない

1歳になったばかりの子どもは、野菜でもご飯でも好き嫌いなく食べますが、ものを区別してとらえる力、「～ではない、～だ」が芽生え始めた1歳3か月過ぎから

は、次第に野菜などに手を出さなくなってきます。子どもの発達の証でもあるのです。しかし、野菜をあまり食べなくなるので保育者の方は困ります。食卓には野菜から出したり、野菜を細かく刻んでご飯などに混ぜたりして工夫します。

　大人より1～2度も体温が高く、活発に身体を動かして遊ぶようになった1～2歳児は、たくさんのカロリーを消費しています。この時期の子どもがカロリー源である炭水化物に手を出すのは、身体の要求でもあるのです。成長途上にある身体はタンパク質も要求します。

　子どもが食事をとる量には個人差があります。一般的に、白筋といわれる筋ばった筋肉が優位な子はカロリーをよく消費し、赤筋といわれる柔らかい筋肉の優位な子は消費が少ないといわれます。それに、同じ子どもでもその日の運動量によって食欲は違います。食事以外の時間に甘いものを食べたりしても、食事の量は減ります。ですから、子どもの身体の状態を配慮しないで、保育者が一定の量を食べさせることにこだわると、子どもは次第に食事嫌いになっていきます。

　また、偏食がある子の中には、特定のものに過敏に反応してしまう子もいます。どんなに細かく刻んでご飯などに混ぜても、それを除いてしまいます。それが滋養のあるものなら、保育者は気になります。子どもを励ましてうまく食べてくれるならいいのですが、食べさせようとすると、他のものまで食べなくなってしまうことがあります。そんなときは、無理をしないことです。

54 食器の配置

① 1歳になったばかりの子ども

食器に食べ物を入れてテーブルに載せても、食器から食べたり、テーブルに出して食べたりします。遠いヒトの祖先が大地に食べ物を置いて食べていたように、1歳児にとってはテーブルも食べ物を置く食器です。だから叱るのではなく、1歳児が食事するテーブルは食べ物を置いてもいいようにきれいにしておいてあげます。

② 1歳4か月頃の子ども

器への出し入れが楽しくなってきます。この頃には器も複数個、子どもの前においてやります。すると、子どもはテーブルに出すだけでなく、1の器からとったものを2の器に入れたり、2の器からのものを1の器に入れたりし始めます。

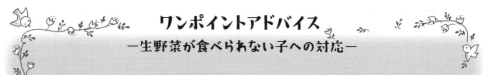

ワンポイントアドバイス
― 生野菜が食べられない子への対応 ―

生野菜が食べられない子への対応には、大きく2つの方法があります。

1つは、他のものに生野菜を少しずつ混ぜていく方法であり、もう1つは、生野菜が食べられないなら一旦食べなくてもよしとして、食べられる状態のものを広げていくことで食べられるようにしていく方法です。

生野菜は食べなくてもみそ汁の野菜が食べられるなら、みそ汁に白菜や、キャベツを入れて食べます。大根の葉を入れてみます。スープで煮た野菜は食べませんか？ 茶碗蒸しの野菜はどうでしょうか？ 食べられるものを広げていくことで、いつの間にか食べられなかったものが食べられるようになっていくことがあります。「量の広がりが質の変化をもたらす」、これは発達の原則の1つですが、偏食指導などにも応用できます。

③ 1歳半頃の子ども

1の器を持ち上げて2に移し替えたり、2のものを1に移し替えたりするようにもなります。まるでいたずら遊びをしているかのように見えますが、子どもはこうしたことをとおして、次の2歳への発達の土台となる「〜ではない、〜だ」の世界を開いていっているのです。

人類は道具を使うことで、他の霊長類と違う進化の道を歩んできたといわれます。子どもも遊びや生活の中でいろんな道具に関心をもちます。その中でも子どもの心を引く食事の場面で、道具を自由に使えるようにしていってやることは大切です。

ワンポイントアドバイス
― 幼児用の補助箸は必要ない ―

1歳半頃にスプーンですくえるようになっても、2歳過ぎまではまだ手づかみが中心です。最近は子ども用品店に行くと、1歳過ぎ頃から子どもの指に固定して使える箸なども売られていますが、子どもの発達にとって必要なことは、一つひとつの過程を踏みながら自らその道具が使えるようになっていくことです。手に固定してでも道具を使わせることではありません。遊び食いのような中にも見られる子ども自身の工夫が、子どもの発達を広げ、押し上げていくのです。

手づかみが主だった1歳児も、2歳過ぎになると次第にスプーンで食べることが多くなり、まだ使えませんが箸にも興味を示すようになってきます。

2・排泄

1 排尿

　子どもは1歳後半になると、周りの人がしていることの意味や目的が少しずつ分かるようになり、自分の行動にも意味や目的性をもつようになってきます。月齢の高い友だちがおまるや便座に座っていると、自分もおまるに座っておしっこをしてみたくなります。しかし、1歳児や2歳過ぎの子がおまるや便座に座っても、おしっこが出るとは限りません。子どもが尿意を感じて保育者に知らせることができるようになってくるのは「2」の世界がとらえられるようになってきた2歳半頃からです。おまるやトイレで意識して出せるようになるのも2歳半頃からです。早期から保育者が時間を決めてトイレ訓練していく必要はありません。早期からの訓練は、おしっこを気にしておおらかに遊べなくなってしまったり、かえってチビチビお漏らしをするようになったりします。

　2歳半頃までは、おしっこで下着が濡れると気持ち悪がったり、保育者に教えたりするようになってくることが大事です。2歳半を過ぎて、まだパンツを濡らすことがあってもかまいません。「おしっこがうまくできたかどうか」が問題なのではなく、尿意を感じて、それに対応する力が芽生えてきているかどうかが問題なのです。対応する力とは、尿意を感じて周りの大人に告げ、「ちょっと待ってね」に応じてトイレに行くまでの間、我慢できる力が育ってきているか否かということです。

　2歳を過ぎて、子どもの遊びにしっかりと見立て遊びが見られるようになり、保育者の指示にはっきりと受け答えができるようになってくると、朝起きた時や食事の後、お散歩に出かける前、お昼寝や就寝の前などに、保育者が声をかけて、トイレに誘うようにしていってみます。ただし、子どもが反応しなかったり、「いやだ」と言っているのに無理に便座に座らせようとしてはいけません。

　2歳半を過ぎると、子どもは次第に自分でパンツを脱ぎ、便座に座るようになっ

てきます。しかし、排泄の自立にはかなりの個人差があり、2歳頃にパンツを濡らさなくなる子もいれば、おしっこの自立が3歳以降になる子もいます。3歳以降になっても遅くはありません。

2 排便

　尿意を保育者に告げられるようになる2歳半頃には、便意も伝えられるようになってきます。しかし、一般的に、便意を告げて便座で排便ができるようになるのは、排尿より少し後になります。それでも、3歳を過ぎると、パンツの中にする子が徐々に少なくなってきます。

　1歳を過ぎた子どもの平均的な便の回数は1日1、2回といったところですが、まだ腸が長くなり切っていない1歳児は、毎食後便通があっても、それが下痢便などでなければ大丈夫です。逆に2日に1回しか出なくても、自力できれいな便が出ているようでしたらあまり心配はいりません。しかし、3日に1回になったり、便が黒く硬い便になったりしているようでしたら、小児科などに行ってアドバイスを受けてください。病気がなければ保育で改善されていくので、周りの大人があまり気にしすぎてはいけません。周りの人が気にすると、子どもが神経質になって、便の状態はかえって改善されていきません。

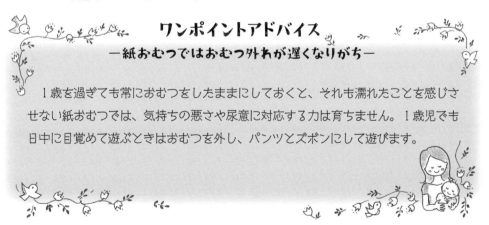

ワンポイントアドバイス
―紙おむつではおむつ外れが遅くなりがち―

　1歳を過ぎても常におむつをしたままにしておくと、それも濡れたことを感じさせない紙おむつでは、気持ちの悪さや尿意に対応する力は育ちません。1歳児でも日中に目覚めて遊ぶときはおむつを外し、パンツとズボンにして遊びます。

③ おねしょからの自立

　子どもが、おねしょで布団を濡らさないで寝られるようになる時期には、大きな個人差があります。2歳半を過ぎた頃にはほとんどおねしょをしなくなる子もいるし、小学校低学年でも毎日のようにする子もいます。生理的な面から見ても夜間に排尿を抑える抗利尿ホルモンは、10歳になる頃まで育ち切らないといわれています。また、筋肉の柔らかい子はしっかりした子よりおしっこがもれやすいし、膀胱の反射の過敏な子はそうでない子より出やすいため、幼児のおねしょからの自立の問題は「何歳になったから」とか「どこまで発達したから」ということだけで論じることはできません。幼児のおねしょからの自立については、保育者があせらずに、子どもの自然の自立を待つようにしていくことが大切です。

　幼児期の子どもが、布団でおしっこをするのは当たり前のこととして保育者は見ていく必要があります。おねしょで布団を濡らしても、周りの人が嫌な顔をしたり、叱ったりしてはいけません。2歳頃までは、夜間に寝るときだけはおむつをしたまま

ワンポイントアドバイス
―便は健康のバロメーター―

　便は子どもの身体の状態をうかがうバロメーターにもなります。身体の調子が悪いときや、精神的なストレスが溜まったときなどは軟便や下痢便になったり、便が硬くなって便秘ぎみになったりします。便のおかしい状態が数日も続くようでしたら、病気がないか調べてみることも大切です。

　病気でない場合は、生活のリズムは崩れていないか、偏食や暴飲暴食がないか、遊びや運動は足りているか、ストレスになっていることはないかなど、子どもの身の回りや保育の中身を点検してみる必要があります。

表10　夜間のおむつ外しに向けての留意点

場面	留意したいこと
おねしょをした	●眠っているときは、おむつや布団が濡れても子どもが気づかなければ、そのままにしておく ●目を覚まして気持ち悪そうにしたらとり替える ●子どもが小さい間は、毎日のように行わなければならない布団乾燥の仕事も、保育の一環と考える
寝る前のトイレ誘導	●寝る前にトイレに誘うようにする ●既に半分眠っているような状態なら、そのままそっと寝かせてやる ●無理やり起こしたり、子どもが「ない」と言っているのに、強制的に便座に座らせたりはしない
夕飯の際の水分摂取量	●食事の際に「おねしょするから」などと言って、目の前にある水分の制限等はしない ●水分を過分にとらせたくなければ、初めから必要以上の水分を子どもの目の届くところに置かないようにする
夜中に起こしてトイレに連れていくかどうか	●子どもは、深い眠りと浅い眠りのリズミカルな眠りの中で、体調を整え、生理的な成長を遂げているので、「時間だから」と子どもを揺り起こしてトイレに連れていったりはしない ●夜、子どもが尿意を感じて保育者を起こすようになれば、おねしょからの自立は間近

でもいいでしょう。しかし、お昼寝では、1歳児であっても遊んでいる時間帯に排尿感覚が2時間以上あくようになれば、おむつは外してやります。そして、自分で尿意が告げられるようになった2歳過ぎ～2歳半辺りからは夜も外すようにしていきます。

　夜間のおむつ外しに向けては、表10のようなことに留意してください。

3・着替え

1 衣服の着脱

　子どもは1歳半を過ぎると、まだうまくできませんが、衣服の着脱もやろうとするようになります。着るものも、「これではない、これだ」と、主張するようになります。ですから、入浴や寝起き、遊びの後などの着替えのときは保育者がゆったりと関わって、少し時間がかかっても、子どもがやろうとすることを保障していってやる必要がでてきます。

　1歳前半の子どもには、シャツを脱ぐときなどに、「手を挙げて、いないいない バー」などと言葉かけをしながら、衣類や着脱に興味をもたせていくことが大事ですし、1歳半過ぎになると、半分手伝った後に自分自身で脱がせるようにして、「できた！」と、一緒に喜んでやることも大切です。

　1歳9か月〜2歳頃になると、「自分で」といって、大人の手を借りるのを嫌い、子ども自身が初めから脱ごうとしたり、着ようとしたりしだします。そんなときは、保育者は子どもが要求する分だけを手伝い、他は励ましながら子どものすることに任せるようにします。もちろん、まだ衣服の裏表や後ろ前の判断ができないので、裏を着たり、前後を反対に着たりすることがありますが、それでも一旦着たものは、すぐには大人が直しません。「自分で」の自我や自立心が拡大している時期に、自分でやることへの自信を膨らませてやることが大切なのです。1〜2歳児は、衣服が汚れることも多いので、着替える機会は頻繁にあります。大人がすぐに直そうとすると、子どもは抵抗して自分のやったことを守ろうとします。

　また、この時期の子どもは、自分で選ぶこともし始めます。自分で選んで着たものは、それが夏のものであろうと、冬のものであろうと、やり直されたくはありません。

　幼児期前半の子どもの衣服の着脱は、きれいにできることよりも、楽しい雰囲気の中で、自分も一人で着替えられるという自信をつけていくことです。

② 子どもと、服装

1歳になったばかりでも、昼間子どもが活発に活動する時間帯はおむつを外し、パンツにします。家庭で遊んでいる子は、絨毯などを汚すと困るので遅くまでおむつをつけがちですが、自由な動きを制限されるし、排泄の自立なども遅らせてしまいます。その他、1歳以降の子どもの服装の注意点は以下の通りです。

① 服は上下が分かれたものを

服はワンピースやつなぎのようなものではなく、上下が分かれていて、柔らかくて活動しやすいものにします。釣りバンド（サスペンダー）のものや、硬いジーパンなども動きを制限するので避けます。

② 重ね着は薄めに

室内なら冬でも部屋を少し暖かくして、上半身は2枚程度、下半身はパンツとズボンだけにします。寒い季節の戸外遊びも、大人より1、2枚は薄くていいのです。靴下や手袋も、できるだけつけないようにします。

ワンポイントアドバイス
—外出の時はどうする？—

大人には社会で生きていく上での体裁があります。外出のときなどには、子どもに任すことができないこともあります。裏になった服を着たままで買い物に行くことはできません。そんなときは、「あら、こちらに犬さんの絵がある」とか、もう1枚他の洋服を出して、「この服、すてき」などと話しかけて新たな気づきを引出し、「こっち」と意志決定をさせながら、着替えを促していきます。

遊びなどに気が向いてなかなか服を着ないときなどは、二種類の服を出して、「どちらがいいかな」などと誘ってみます。「これを着なさい」というと、なかなか着ようとしない子どもでも、自分で意志決定をすると、素早く着ようとします。

③ **場面に応じて裸足や靴を**

　よちよち歩きができるようになって、柔らかい土や芝生で遊ぶ際は、裸足で遊びます。ただし、外にお散歩などに出る場合は、靴を履きましょう。

④ **帽子をかぶる**

　春や夏の戸外遊びでは、紫外線から子どもを守るために、帽子をつかうことが多くなりますが、帽子を嫌がる子には無理にかぶせません。その代わりに、紫外線の強い時間帯は、炎天下での遊びはできるだけ避けます。その時間帯は木陰の下での遊びや、日よけテントや軒下などの日陰での遊びにします。お日様の下で遊ぶのは、朝日や夕日の時間帯にします。

⑤ **素材はできるだけ綿にする**

　化繊の洋服は使いません。新陳代謝が激しい幼児は、皮膚呼吸も活発です。空気をとおしにくい素材は体に悪いし、環境ホルモンなども問題になっている昨今です。疑わしきものは子どもに近づけたくありません。

⑥ **キャラクターものを避ける**

　色がきついものや、キャラクターの絵がついたものが多いですが、これもできるだけ避けます。印象の強い絵や色は、こだわりをつくり、これからという子どもの感性の広がりを抑えます。

⑦ **リボンや長い髪の毛も避ける**

　リボンや長い髪の毛は、子どもの活動を制限します。子どもは服装や、おしゃれに制限されず、伸び伸びと活動する中で豊かに発達していくのです。

④ 1・2歳児と遊び

> 昔から、「子どもの成長・発達にとって大切なことは、よく食べ、よく寝、よく遊ぶことだ」といわれてきました。子どもは遊びの中で物事を知り、人間として生きていく上で必要な技能の基礎を培い、社会性を身につけていくのです。

1●遊びの中に見る子どもの育ち

1　1歳から1歳半児の遊びと育ち

① 追いかけっこ遊び

　1歳前は、大人からのはたらきかけで遊んでいた子も、子どもの方から大人を誘って遊ぶようになります。遊びにおける主客の転換です。

　ドアの向こうから顔を出して「バー」、カーテンに隠れて「バー」、1歳頃になると、子どもからのこんなはたらきかけがよく見られるようになります。子どもがはたらきかけてくると、保育者はできるだけ子どもの誘いに応じてやります。子どもが物陰から顔を出したら、保育者が「待て待てー！」と追いかけたり、「怖い怖いー！」と言って逃げたりします。すると、子どもは喜んで保育者につかまらないように逃げたり、追いかけたりします。こんな遊びから、簡単な「かくれんぼ遊び」などにも発展させていきます。

② 玩具の追いかけ合い

　1歳3か月〜1歳半頃に、こんな遊びをしてみましょう。

　保育者がきれいなまりか木製の車のようなものを、子どもと並んだ位置から前

方に転がして、とりにいきます。すると、子どもも保育者に負けないでとろうとします。保育者が先にタッチして、さらに転がすと、子どもは「今度こそ自分がとろう」と玩具に向かいます。遊びを主導することができるようになった子どもは、1歳半に近づくに従って、「自分が先に」という思いが強くなってきます。「自我」のふくらみです。玩具を拾い上げると、誇らしげに保育者に渡し、また自分がとるぞと、目を輝かせます。

ところが、1歳半頃になると、拾い上げた玩具を保育者に渡さず、転がすのも「自分で……」になります。こうなると、保育者の前に転がすように要求しても素直に転がしてきません。横に投げて、また自分でとりにいきます。

自我がしっかり形成してくる中で、意図や思いを強くもちはじめた子どもは、遊びの中にも、「あなたではない、自分だ」といった行動が見られるようになってくるのです。

③ シャベルで器へ

まだ石や砂を口に入れることがあるので、保育者が気をつけていなければいけませんが、小石や砂でも遊んでみます。

1歳になった子は、小石や砂を手でつかんで、器に出し入れすることができる

1歳児のシャベル遊び

ようになっています。保育者がシャベルを使っていると、子どももシャベルを持ち、シャベルの先で器の砂に触れます。

1歳半頃には、ときどきシャベルでも入れられるようになり、子どもは器に砂を入れると、確かめるように覗き込んだり、手で触れたりして、周りの人に嬉しそう

な顔を見せます。「やった!」「できた!」という満足感や達成感が笑顔となり、自分でもやれるという誇りや自信が、人に向ける視線となるのです。

　自分の思いと力で外界に向かい、自分でやれるという誇りと自信を膨らませていくこの時期に、「危ないからダメ」「こうしてごらん」と、絶えず子どものやることを禁止し、矯正していると、人に決めてもらわなければ自分のことができない子、自分のやることに誇りや自信がもてない子になっていきます。

2　1歳半～2歳児の遊びと育ち

① シャベルでいっぱい

　1歳半～1歳9か月頃になると、砂場から数メートル離れたところに子ども用のバケツなどを置き、保育者がシャベルかお椀で砂をすくっては、バケツに運び、バケツをいっぱいにしていってみます。隣にもう1個バケツがあると、1歳半を過ぎた子は、保育者と同じようにバケツに砂を入れ始めます。2点間を行き来しながら1つのことをやり上げていくのは、1歳半過ぎの子どもの特徴です。この頃の子どもがクレヨンを持つと、往復斜線の殴り書きをします。一辺が2センチほどのサイコロ状の積み木があると、4個、5個と積み上げます。

1歳半頃の子の絵

1歳9か月を過ぎた子の絵

1歳9か月を過ぎると、2点間を往復しながらやり上げる様子に、広がりができてきます。バケツに砂を入れるのも、砂場からだけでなく、バケツを中心にあちらこちらに行って砂を集め、バケツに入れていくようになります。
　この頃にクレヨンを持つと、楕円形や円形のぐるぐる描きが出てきます。サイコロ状の積み木は、倒れないように調節しながら、8個、10個と積み上げられるようになってきています。

② 複数の器で遊ぶ

　砂場や砂場の近くにいくつかの器を置いて、保育者がままごと遊びなどに見立てながら、シャベルで器に砂を入れたり、器から器に移し替えたりしてみてください。子どもも器に入れたり、器から器に移したりして遊びます。2点間を往復してやり上げることができるようになった子どもはこのように、2つの器、3つの器を操作して遊ぶこともできるようになってきています。

③ 器に山盛り

　器から器に移したり、移し返したりするようになると、「ぼくの目はどこ？」「お母さんの目はどこ？」という問いかけにも、指さしで応えるようになります。「相手のもの」と「自分のもの」という対の関係にも目覚め、「相手より大きなものを、より速く……」と、自我は拡大してきます。言葉は二語文となって、自分の意志をよりはっきり主張するようになります。
　1歳9か月～2歳頃の子どもが、遊戯用のバケツに砂を入れて遊んでいる様子を見てみましょう。バケツがいっぱいになっても、さらに砂を入れて山盛りにしていきます。「すごいね！」と声をかけると、得意になって、2つ、3つと山盛りのバケツをつくっていきます。
　こんなとき、そばで保育者が子どもより大きなバケツに「でっかいぞ」と言いながら、砂を盛り上げてみます。子どもは、それを「自分のだ！」と主張して、保育者を押しのけ、それに砂を足しはじめます。自我が拡大してきた子どもに

とって、より大きなものをつくるのは、「自分」なのです。子どもは、大きな器を山盛りにすると、あたかも初めから自分がやったかのように得意げになり、誉めてやると遊びをさらに発展させていきます。

自分がでっかいのをやり切った。この時期にこんな経験を積んでいくことで、子どもは物事に向かう自信を身につけていくのです。子どもが保育者の器をとると、保育者は違う器で遊びます。

 2歳～2歳半児の遊びと育ち

① でっかい山

2歳を過ぎると、バケツや器の中に砂を盛り上げなくても、砂場の中や庭の土の上に、シャベルなどを使って大きな山をつくっていくことができるようになり

> **ワンポイントアドバイス**
> ーまず保育者自身が楽しく遊ぶー
>
> 1歳半頃から、子どもと大人の遊びの関係は、並行遊びの関係になります。「このバケツに砂を入れて」と大人が指示しても、遊びに自分なりの意図や思いをもつようになった子は、素直に保育者の指示に従いません。むしろ、自分の思いに沿わなければ「いや」と言ってその場を離れていきます。
>
> 1歳半～3歳頃の子どもに「こんな遊びをして欲しい」と思ったら、保育者自身が遊び始めることです。そうすれば、複数の器が気になりはじめたと同じように、自分の遊びをしていても、人の遊びも気にするようになった子どもは、保育者の遊びが楽しそうであれば自分の遊びをそちらの遊びに切り替えていきます。幼児期前半の子どもたちを上手に遊ばせるコツは、まず保育者自身が楽しく遊びはじめることです。

ます。

保育者がシャベルやバケツを使って、砂場にでっかい山をつくりはじめると、子どももそれに加わってきます。山が大きいと、子どもも共同の作業ができます。山の近くの砂が少なくなると、離れたところからバケツで砂を運んで、山に足していきます。子どもも離れたところから何度も砂を運びます。

保育者と一緒に山をつくるときも、最後に完成させるのは子どもです。「でっかいね。すごい！」と保育者が声をかけると、子どもはスコップやバケツで砂を運びながら、さらに山を高くしていきます。このとき保育者は、子どもの山を誉めながら、新しい遊びをはじめます。「山にトンネルをつくろう」といいながら穴を掘ると、砂山を積み上げていた子どもも、保育者のトンネルが気になりはじめ、今度は自分もトンネルをつくり始めます。

② 溢れる遊びから２つ目の遊びへ

２歳３か月〜２歳半頃になると、こんな遊びもしてみましょう。

底があまり深くなくて、水がたくさん入るたらいのようなものにあらかじめ水をため、その周りに子ども用のバケツを２つか３つ準備します。少し離れた土の上にはミニプールか、家庭用のバケツを置き、保育者が子ども用のバケツでたらいから水を運んで、土の上のミニプールに入れていきます。この様子に子どもが興味を持ったら、誘ってみてください。子どもも小さなバケツで水を運び始めます。

ミニプールの水がいっぱいになっても、「わー、溢れた」といいながら、さらに数回、水を足していきます。子どもも水があふれるのが楽しくて、何度も何度も水を運んではミニプールに入れます。

子どもの入れた水が溢れだすと、保育者も一緒に歓声を上げながら、ミニプールからあふれ出た水で、今度は「川をつくろう」「池をつくろう」といいながら、遊びはじめます。すると子どもも、バケツに水を入れて溢れさせては、周りの

川をつくる

水や土で遊びはじめます。

1歳後半〜2歳にかけて、往復を繰り返しながら1つのものをつくり上げたり、やり上げたりすることができるようになった子どもは、2歳3か月〜2歳半頃には、やり上げていく力が溢れて、その周りに次の新しいものをつくりだしていくことができるようになってくるのです。

戸外の水道にホースがつながっているなら、土の上に置いたミニプールに、ホースで水を入れてもいいでしょう。ホースの口を子どもに渡すと、ミニプールから水があふれだしても子どもはそれが面白くて水を入れ続けますが、やがてあふれ出た水で、「これ川だ」とか、「これ池」などといいながら、周りに遊びを展開しはじめます。

この頃に子どもが水性のマジックペンを持つと、連続したぐるぐる描きではなく、独立した丸の形になってきています。そして、山をつくってそこにトンネルや道をつくったり、流れる水を川と池でつないだりするようになってくると、子

土と水で遊ぶ

どもが描く丸は初めと終わりがきちんと閉じた丸になってきます。サイコロ状の積み木では、2歳を過ぎると縦に積むだけでなく、3個、4個と横に並べて遊ぶこともできるようになり、丸が閉じる頃には、横に3つ積み木を並べ、先頭の積み木の上にもう1つ積み木を重ねてトラックの形にすることもできるようになってきます。すなわち縦と横の2つの世界をしっかりとらえて遊びを展開することができるようになってくるのです。

③ **配分**

1歳前に「自分でやろうとする芽」が生まれ、2歳前には「何でも自分で」「何でも一番」と主張するようになった子どもは、食べ物を見ても、玩具を見ても、「自分のもの」と主張するようになります。「玩具が3個あるから、1個は自分で使っ

て、残りの2個はAちゃんとBちゃんに貸してあげてね」と言っても、「僕の」と主張して納得しません。AちゃんやBちゃんに渡そうとする玩具も取りにきます。しかし、2歳を過ぎ、2歳3か月〜2歳半頃になると、いったん全部の玩具を自分のものにすると、相手の様子を見て、「これAちゃん」「これBちゃん」と自分の持っている玩具を、Aちゃんにも、Bちゃんにも貸してあげることができるようになってきます。「自分」が満ち溢れると、「自分」を分配することができるようになってくるのです。「自我の配分」です。相手への「思いやり」の出現です。「やさしさ」の出現です。

子どもは2歳半を境に、また1つ大きく成長した姿を見せてくれます。そこには、今まで見てきたあかちゃんっぽさはもう消えて、自信と誇りに満ちた顔に、ちょっぴり優しさもこぼれはじめた幼児の姿があります。

2 ● 機能遊びから象徴遊びへ

1 遊びの変化

1歳頃までの子どもは、紙があるとくしゃくしゃに丸めたり、破ったりして遊びます。水があると手を入れたり、こぼしたりして遊びます。太鼓があると叩きます。そこにはまだ何かにするために紙を破るとか、何かに見立てて水で遊ぶ、何かになったつもりで太鼓を叩くといった様子は見られません。身体を使い、手を使って破ること自体が面白く、こぼしたり叩いたりすること自体が楽しくて遊んでいます。こんな遊びを「機能遊び」といいます。

それが2歳になると、お馬になったつもりで這ったり、積み木をスマートフォンに見立てて耳に当てたりする様子が見られるようになります。自分や他者、物などを何かに見立てて遊ぶ、こんな遊びを「象徴遊び」といいます。

②動作模倣

子どもが四つ這いや高這い、歩行などで活発に遊ぶようになると、保育者がお馬になって這ったり、どんぐりになって転がったりしながら、子どもから動作模倣を引き出していきます。童謡やわらべ歌を唄いながら手遊びもします。保育所などでしたら、リズム遊びなどをしている年上の子どもたちの動きをまねてみます。

また、お家でお母さんやお父さんが家事をするときは、子どもだけを遊ばせておくのでなく、できるだけ見えるところにいて、子どもに言葉

器にスープが入っていると見立ててあそぶ

ワンポイントアドバイス
―象徴遊びが苦手な子―

　1歳半近く～2歳半にかけて、遊びが少しずつ機能遊びから象徴遊びに変わってきます。ところが、中には変わってきにくい子もいます。とりわけ、知的障害や発達障害がある子は象徴遊びが出てきにくく、2歳になっても何かになったつもりで遊ぶ、身近にあるものを何かに見立てて遊ぶといった様子があまり見られません。機能遊びも決まったパターンの遊びになってしまいます。

　象徴遊びが出てこないと社会性が育ちにくく、特に人間関係をつくっていくコミュニケーション能力や想像力などに弱さが見られるようになってきます。

　保育者は一緒になって遊び「これが線路で、これが電車ね」など、意味づけするような声かけを意識していきましょう。

かけをしながら家事をします。そのとき、子どもが遊んでもよいお椀やお鍋などがあれば、それでも遊ばせてやります。

保育者や周りの人たちのはたらきかけで動作模倣をするようになると、やがてお鍋の中に積み木を入れて食べ物に見立てたり、お馬や、お父さん、お母さんになったつもりで遊ぶようになってきます。

① 復元遊び

保育者や周りの人たちのまねをしてお馬になったり、手遊びをしたり、お母さんやお父さんの家事やしぐさをまねしていた子どもも、1歳半頃になると、車の玩具があれば転がし、お椀があれば食べるまねをするようになります。お母さんがいつもスーパーに持っていく買い物袋を見つけると、お店に行く恰好をします。

まだ一語文が中心なのに、口の中では何かお店の人と会話しているようなおしゃべりもします。そこに直接模倣する人がいなくても、遊びや生活の中で体験してきた道具があれば、それに触発されて日々の生活の模倣ができるようになってきます。体温計があれば脇の下に入れようとします。スマートフォンがあれば耳に当てたり、いじったりします。この頃になると、危険なものや大事なものは、子どもの手が届くところには置けません。

③ 見立て遊び・つもり遊び

1歳9か月〜2歳頃になると、近くにある器や積み木などを出して、お椀やお鍋に見立てて遊ぶようになります。お祭りに出かけて太鼓演奏を見てくると、お家に帰って棒切れなどを持って太鼓をたたくまねをします。目の前にお椀やお鍋、太鼓がなくても、その辺りにあるものを見立てて、お母さんや演奏者になったつもりで遊びはじめます。

板切れや器で遊んでいる子に、「何をしているの？」と尋ねると、「ご飯！」など

と教えてくれます。棒切れで机をたたいている子と目が合うと、子どもの方から「太鼓」などと言ったりもします。

　ところが、自閉的傾向がある子などには、この時期になってもこうした様子が見られないことが多く、2歳を過ぎてもこんな遊びがみられないようでしたら、一度専門家にも見てもらっておきましょう。

④ 見立て遊び・つもり遊びの発展

　2歳を過ぎると、機能遊びは徐々に少なくなって、いろんな場面で見立て遊び・つもり遊びが見られるようになります。

　子どもが器や積み木などで食事づくりをして遊びだすと、少し離れたところから「あらおいしそう。卵焼きをください」などと声をかけてみます。すると器に積み木などを入れて、はい、「どうぞ」などと持ってきます。「ご飯もお願いします」と言うと、「ご飯？」と聞き返したりしながら、いそいそ引き返して「ご飯」を持ってきます。「今度はデザートにリンゴが欲しいなぁ」と言うと、また引き返し、何もなければ手にリンゴを持っているような恰好をして戻ってきて手を開き、「リンゴ」と言って渡してくれます。「ありがとう」と食べるまねをすると、目を輝かして次の注文を待ちます。2歳3か月頃にはこんな遊びができるようになってきています。すなわち、自分の頭に浮かべたイメージに自分や周りの事物を見立てて遊べるようになってきているのです。

　しかし、2歳になって間もない子は自分のイメージで遊べても、友だちの遊びのイメージまではまだうまく汲み取れません。自分中心の遊びになります。ですから、友だちともよく取り合いになったり、けんかになったりします。それでも2歳半を過ぎると、少しずつ相手のイメージもとらえられるようになり、友だちとイメージを共有して遊ぶことができるようになってきます。そして、3歳頃を境に、自分中心の見立て遊び・つもり遊びからごっこ遊びへと代わってきます。

3 • 自然の中で育つ子どもたち

　海の中に生まれた私たちの小さな命を、人間へと育ててきた自然は、子どもたちにとっても大切な育ちの場です。野山を歩き、斜面を這い、段差や水たまりを飛び越えて走ることで身体運動の基礎は育ち、手や道具で土や水にはたらきかけ、草木に触れ、木の実や小動物たちを採集して遊ぶことで言葉や認識の世界は広がっていきます。

1 散歩

　1歳半を過ぎると、歩行の力もついてきて、道草をしながら300m、500mと歩けるようになってきます。目的地を意識しながら歩き続けることはまだできませんが、保育者が少し前を歩きながら、花を見つけては楽しみ、バッタやトンボを追いかけては歩くと、子どもも目の前のおもしろさを追いかけながら、遠くへ遠くへと歩いていきます。

　2歳頃からは、でこぼこ道や、草の道も歩けるようになります。小さな段差や、階段などにも自分で挑戦するようになります。この2歳前後は、自分でやりきることに誇りや自信を広げていく時期です。でこぼこ道や段差のあるところでも、危険な場所でなければ、まず自分の力で乗り越えていくことを大切にしましょう。

　言葉の面でも、1歳半を過ぎると単語の数が増え、2歳頃には数えきれないほどになって、話すのも二語文、多語文になってきます。

散歩で認識の世界を広げる

言葉が増えるだけでなく、一つひとつの言葉には、体験をもとにした深まり（言葉の内実）もできてきます。散歩で戸外に出かけて、きれいな花を見つけたら、花を囲んで話しましょう。でこぼこ道や段差のあるところを歩くときは、声をかけ合いながら歩きましょう。

　2歳近くになると、だんご虫や蟻などの小動物も散歩の途中でよく見つけます。2～3匹いると、「でっかい！」「ちっちゃい」などと、歓声も上がります。この頃の子どもたちは、まだ概念として「大・小」は分かりませんが、目の前に興味を引く具体物が何個かあると、それらを比較して「大・小」の関係がとらえられるようになってきているのです。水に触れて「冷たい」、焚き火にあたって「温かい」などと、戸外での遊びを通して子どもたちは認識の世界を広げていきます。

②採集

　2歳3か月を過ぎると、どんどん遠くまで歩いていけるようになります。野山に出かけるときは、小さな手かごや袋などを持っていきましょう。春は野いちごや、タンポポの花を摘み、秋にはドングリや松ぼっくりを拾ってかごや袋を溢れさせましょう。

木の実を集める様子

　タンポポの花をかごに入れきれないほど摘むと、溢れた花をみて、子どもは、「これポケットに入れる」とか、「シャツを脱いで入れていく」などと、新たな工夫を始めます。また、かごから溢れた花は、「保育園に持っていく」「○○ちゃんにもあげる」などと、周りの人にも気を配る優しさを引き出してくれます。

　2歳過ぎ～3歳にかけての子どものポケットには、いつも小石やドングリが満ちています。ときには、つぶれたイチゴやタンポポの花が入っていることもあります。こんな子が、心の広い子、遊びをつくり

だしていくことが上手な子、友だちに優しさをあげられる子になっていくのです。

3 虫や、小動物との触れ合い

　子どもが危険なものを口に入れなくなると、ダンゴムシなども手に取ったり、小さな器に入れたりして遊んでみます。春には大人と一緒にオタマジャクシやカエルをとりにいってみます。2歳前はどれくらいの力でつかんでいいのか分からず、虫やカエルを握りつぶしてしまうこともありますが、次第に上手に持って遊ぶようになります。

　2歳半頃になると、虫かごでスズムシを飼ったり、水槽でメダカや金魚を飼ってみるのもいいでしょう。大人と一緒に犬や猫に触れて遊んでみてもいいでしょう。子どもはこうした小動物たちに触れることで、あるいはきれいな花や草木に触れることで、命の大切さを学び、命あるものに関わるときのかまえや心配りなどを学んでいくのです。

4 ● 豊かな文化の中で育つ子どもたち

　私たち人間は、自然と関わりながら進化を遂げてきました。そしてその長い道のりの果てに、労働を通して自然から収穫物を得る術を獲得し、生活や心に豊かさを得て、自分たちの生きる社会に文化を産み出してきました。

　今を生きる私たちは、自然の中に生きた遠い原始の人々とは違い、その文化を活用してより豊かに生きる人間として、今ここにいます。0歳児の育児や、1・2歳児の育児にも、文化的なはたらきかけは欠かせません。

1 うた・リズム

　1歳になった子どもに、わらべ歌や童謡を歌いかけながら、保育者が手遊びをし

たり、四つ這いでお馬になったりしてみます。まねっこが上手な1歳児は、手の動きや身体の動きをまねするだけでなく、言葉はまだ片言なのに、歌の節をまねて歌うようにもなります。

　1歳半を過ぎると、近くで年齢の高い子どもたちがリズム遊びをしていると、自分もお馬になったつもりで這ったり、どんぐりになったつもりで転がったりするようになります。歌詞の中の単語の一部を声に出して歌いだしたりもします。

　1歳半過ぎの子どもたちが、自由にできる動きは、転がる、這う、歩くなどですが、それらに歌やリズムで意味づけをしていくと、楽しい遊びに広げていくことができます。

　2歳を過ぎると、立位での動きも安定して、小走りで移動したり、立位で身振りの模倣をしたりすることもできるようになります。そして、2歳半頃には、ピョンピョン跳びながら前に進む、飛行機の翼のように手を広げて走る、走っては止まり、また走る、などのように、2つの動作を組み合わせて「～しながら～する」といったこともできるようになってきます。

　リズム遊びといえば、焚火を囲んでその日の獲物を喜び合いながら食べた原始の人々の宴の場に、その発生の源があるといわれます。狩りから大きな獲物を持ち帰った男たちが、宴席で自慢話をしたり、狩りする恰好や動物の動きをして手柄をアピールすると、周りの人たちが手拍子や声かけで囃し立てたり、一緒に踊ったりしました。こんな中からリズムや舞踊は生まれたといわれます。

　1歳児や2歳児も、身近に見

リズム遊びで跳ぶ様子

る動物や乗り物などになって身体を動かしてみましょう。歌や擬音を口ずさみながら、亀やお馬になって這ってみましょう。ウサギになって跳ねてみましょう。どんぐりや芋虫になって転がってみましょう。消防車や飛行機になって走ってみましょう……。

❷ 絵本やお話

　外界の物事を客観的にとらえる力が出てきて、手さしや指さしがはじまると、絵本も開きましょう。

　1歳頃になると、いつも身近に見かける子どもが絵の中に出てきたり、お父さんやお母さんがいたり、動物たちがいたりすると、手で触れたり、指をさしたりして保育者に教えようとします。「あら、お父さんだ」「ワンワンがいるね」などと、共感してやると、子どもは得意げに次のページをめくろうとします。1歳前後の子は、絵を見たり、お話を聞いたりするだけでなく、自分でページをめくったり、閉じたりするのも、絵本を見る楽しさの1つです。

　1歳半近くになると、「お父さんはどこ？」「ワンワンは？」などという問いかけにも、指さしで答えるようになります。自分で指をさしながら、「パパ」「ワンワン」などと言うようにもなります。この月齢ではまだ話しの内容はしっかり理解できませんが、保育者は絵本のお話も読んでやります。子どもはお話を聞きながら、絵本の中にたくさんのものを発見して、知的世界を広げていきます。

　1歳9か月頃になると、日常生活でも遭遇するような内容であれば、お話の内容も分かるようになり、お話もしっかり聞くようになってきます。

1歳半頃になると、易しいお話なら絵本のお話も読んでやります

そして、好きなお話の絵本などは、何度も読んで欲しいと要求するようになります。
　保育者が子どもに絵本を選ぶときは、お話の印象が強すぎるものや、絵の枠どりが濃くて印象的な絵で描かれたようなものは避けます。体験の世界が未熟な子どもが、印象の強いものに触れると、それにこだわり、行動に影響がでてきたり、後々の絵の表現などに影響がでてきたりします。絵は自然に近いかたちで描かれているものを選びます。
　子どもは、豊かな生活や遊びの中で、現実に基づいた言葉や、認識を広げていくことが大事ですが、遊びの後のほっとした時間や、お昼寝前、夜寝る前などには絵本を開いて、身近な人たちと心の交流を図ったり、イメージや感動の世界を広げたりしていくことも大事です。

③ お話

　2歳頃になって絵本が大好きになると、夜寝るときやお昼寝のときに、何冊も読むことをねだって、なかなか寝なくなってしまう子がいます。寝るときは2冊と決めても、まだ小さい子には分かりません。そんなとき、あかちゃんのときから歌いかけで寝かせてきた子には歌いかけてやってもいいですが、1歳半頃からは、口語りのお話をしてあげてもいいでしょう。日中に体験的な遊びをたくさんした子は、保育者の語りを、イメージを膨らませながら聞きます。まだ話しの内容がそれほど分からない子でも、身近な人がゆったり話したり、歌ったりする声を聞くだけで、気持ちが安定し、安らかな眠りに就くことができるのです。
　保育者は、日常の労働や生活から解放されて、夢の世界の語りべになっていく。子どもも保育者に守られて、安心しながら眠りに入っていく。こんな中に、親子の信頼関係やスキンシップはつくられていくのです。
　同じお話でも、動画やCD、テレビのお話などでは、親子の信頼関係はつくられていきません。子どもは身体と心で人のぬくもりを感じながら育っていくのです。

おわりに

　子どもは親たちにとってかけがえのない存在であるとともに、社会にとっても未来への希望であり、宝です。しかし、その子どもたちの命が、世界のあちらこちらで大人たちの戦争によって散らされ、貧困によって苦しめられています。

　我が国を見ても、経済優先の政策がとられてくる中で、身の回りには自然や遊び場がなくなり、子どもたちの活動の自由は年々狭められてきました。そして、次第に進んできた格差社会は、経済大国だといわれる我が国にあっても、子どもの貧困問題を深刻化させ、社会問題化させてきています。必要なときに必要な保育や教育が受けられないばかりか、親の仕事が夜にまでずれ込み、生活のリズムも、三度の食事も満足に保障してもらえない子どもたちが増えてきています。それなのに、2015年4月に施行された保育制度は、保育を介護と同じように「サービス」とし、子どもたちの発達保障については親の裁量に任せる方向性を打ち出しました。そして、親の選択肢を広げるためにといって、保育の場に育児産業が介入しやすくしました。その育児産業は、親たちに早期教育・早期訓練指向を煽りたて、親の経済問題や、子どもの貧困問題にさらに油を注いでいます。

　子どもはどんな家庭に生まれても、どんな地域に生まれても、どんな事情をもっていても、発達の機会は平等に保障されていかなければなりません。どこに生まれたからといってその機会が奪われたり、曲げられたりしてはいけません。発達は権利です。その機会はどの子にも平等に保証されなければならないのです。行政は子どもの発達保障の責任を親だけに負わせるのでなく、行政も責任をもって、子どもが健やかに成長・発達していけるように、環境を整えていくべきなのです。貧困の解消や生活リズムの保障は、親の努力だけでは成しきれません。

　今、陽が当たらないガード下の保育室で一日を過ごしている子どもたちが、どれだけ多くいることでしょう。園庭のないビルの一室で一日を過ごしている子どもたちが、どれだけ多くいることでしょう。狭い空間に押し込めて、行動を制限し、教育やしつけといった名のもとに、枠にはめ込んでいくような子育てでは、子どもの身心は健やかに育ちません。子どもは本来、明るい太陽の下で思いっきり身体を動かし、自然や文化と関わって、友だちと遊んだり、活動したりしていくことで健やかに育っていくのです。子どもの成長・発達には、子

どもの自由が保障されていくことが大切なのです。

　子どもの自由の保障、親の楽しい子育て、それは親や担任保育士といった個人の努力で成し遂げられていくものではありません。それには子どもをとりまく家族や保育者集団、地域コミュニティーといった身の回りの支えが必要ですし、人間を大切にした地方自治や国の施策があって、初めて子どもの自由や、親の安心が保障されていくのです。親や担任保育士だけに責任を負わせて子どもは伸び伸びと育っていけません。人間関係が希薄化した社会で、子どもは伸び伸びと育っていけません。経済優先の中で、あるいは戦争や貧困の中で、子どもはしっかりと成長・発達していけません。私たち大人は、もう一度地域にコミュニティーを取り戻さなければなりません。経済優先の施策を、人間優先の施策に切り替える運動を進めていかなければなりません。世界のあちらこちらで起こされている戦争に反対する声を上げていかなければなりません。子どもたちが自由に羽ばたけ、未来に夢が描ける社会、子育てが楽しい社会、それは今を生きる大人たちにとっても生きやすい社会なのではないでしょうか。

　本書は、私が2000年に自主出版した冊子「あかちゃん」の9刷分がなくなったことを機に、装いを新たに出版していただくことになったものです。先の冊子「あかちゃん」は1歳の誕生日を迎えるまでの子どもの発達と保育について書いたものでしたが、本書はそれに2歳半〜3歳頃までの子どもの発達や保育についても書き加えたものにしました。1歳までの内容も、かなり加筆修正しています。また、内容をわかりやすくするために写真やイラストも入れました。

　本書の作成にあたっては、イラストの作成で、私の関係する社会福祉法人さくら会の理事であり、本法人のさくらんぼ保育園元園長の大島映子氏に、多大なご尽力をいただきました。また、写真撮影では、さくらんぼ保育園のほかに、青森県八戸市の是川子ども園、埼玉県鴻巣市のどんぐり保育園、どんぐりっこ保育園の園長様はじめ、子どもたちや保護者の皆様、職員の皆様方にご協力をいただきました。ご支援ご協力くださいましたみなさま方には改めて厚くお礼申し上げます。

　本書が子育て中の若い父母の皆様や、今、保育園や子ども園で子どもたちの保育に関わっておられる方々に少しでもお役に立つことができれば幸いです。

2024年10月　山口平八

●著者紹介

山口平八(やまぐち・へいはち)

1945年生まれ。1972年より20年間、京都府の養護学校に勤務。この間、障害児の発達保障運動に関わり、地域の子どもたちの発達相談活動や、各地に療育教室をつくる取り組みなどに参加する。1979年に埼玉県深谷市にあるさくら・さくらんぼ保育園とも出会い、1981年からは月一回、こちらの保育園でも全国から訪れてくる子どもたちの発達相談や療育指導の取り組みに参加する。1992年、完全失明を機に養護学校を退職し、埼玉県深谷市に移転し、治療院を開設。地域の人たちの鍼灸治療に携わる一方、発達相談にも応じ、学童クラブの運営にも関わるようになる。1997年に、さくら・さくらんぼ・第二さくら保育園ほか、学童保育所などを経営する社会福祉法人さくら会の理事になり、2009年より理事長に就任して現在に至る。

●イラスト

大島映子(おおしま・えいこ)

元 さくらんぼ保育園園長

●写真提供

是川子ども園、どんぐり保育園、どんぐりっこ保育園、さくらんぼ保育園

子どもは育つ
0歳から2歳児の発達と保育

発行日	2024年12月1日　初版第一刷

著　者	山口平八
発　行	ブリコラージュ
	〒171-0021　東京都豊島区西池袋5-26-15久保田ビル2F　七七舎
	TEL 03-5986-1777　FAX 03-5986-1776
	http://www.nanasha.net/
発　売	全国コミュニティライフサポートセンター
	〒981-0932　宮城県仙台市青葉区木町16-30　シンエイ木町ビル1F
	TEL 022-727-8730　FAX 022-727-8737
	http://www.clc-japan.com/

表紙デザイン：石原雅彦

ISBN978-4-907946-54-8